# FAIRE LES BONS CHOIX AU BON MOMENT

*Discerner, choisir, décider dans l'Esprit Saint*

## Collection Verbe de Vie

Cette collection est dirigée par la Communauté du Verbe de Vie (Abbaye Saint-Étienne - 19190 Aubazine).

Elle aborde des thèmes de vie spirituelle fondamentaux pour la vie et la vocation du disciple du Christ. Les différents ouvrages de cette collection, centrés sur la Parole de Dieu et les enseignements de l'Église, contribuent à la construction et la croissance dans l'amour de Dieu et l'amour de l'Église.

### Ouvrages déjà parus

*Abraham, un père au cœur d'enfant,* Olivier Belleil, 2000.
*Vivre dans la louange*, Bertrand Georges, 2001.
*Élie, l'homme de feu*, Olivier Belleil, 2002.
*La relation conjugale*, Olivier Belleil, 2005.
*Viens, Esprit Saint! Parcours des sept semaines pour préparer l'effusion du Saint-Esprit,* Olivier Belleil, 2007.

ISBN 978-2-84024-287-1

Burtin, F-41600 Nouan-le-Fuzelier
Société des Œuvres Communautaires, août 2007
ed.beatitudes@wanadoo.fr
www.editions-beatitudes.fr

Conception de la couverture : Atelier Béatitudes-Graphisme
Illustration de couverture : Yves Guézou

**Bertrand GEORGES**

# FAIRE LES BONS CHOIX AU BON MOMENT

*Discerner, choisir, décider dans l'Esprit Saint*

*2e édition*

Éditions des Béatitudes

*Imprimatur*

✠ Bernard Genoud
Évêque de Lausanne, Genève et Fribourg
Fribourg, le 23 mai 2007

*« Écoute, mon peuple, je t'adjure,*
*ô Israël, si tu pouvais m'écouter !*
*Qu'il n'y ait point chez toi un dieu d'emprunt,*
*n'adore pas un dieu étranger ;*
*c'est moi, le Seigneur ton Dieu,*
*qui t'ai fait monter de la terre d'Égypte,*
*ouvre large ta bouche, et je l'emplirai.*
*Mon peuple n'a pas écouté ma voix,*
*Israël ne s'est pas rendu à moi ;*
*je les laissai à leur cœur endurci,*
*ils marchaient ne suivant que leur conseil.*
*Ah ! Si mon peuple m'écoutait,*
*si dans mes voies marchait Israël,*
*en un instant j'abattrais ses adversaires*
*et contre ses oppresseurs tournerais ma main.*
*Les ennemis du Seigneur l'aduleraient,*
*et leur temps serait à jamais révolu.*
*Je l'aurais nourri de la fleur du froment,*
*je t'aurais rassasié avec le miel du rocher. »*

(Ps 81, 9-17)

*Remerciements*

*À mon épouse et mes enfants,*
*à mes frères et sœurs de communauté*
*pour leurs encouragements et leur prière.*

*À mon Père Évêque, Monseigneur Bernard Genoud,*
*pour sa très belle préface*
*et pour l'imprimatur accordé à cet ouvrage.*

*À l'abbé Jacques Rime,*
*À Anne-Marie, Marie-Laure, Michel,*
*pour leur disponibilité, leur aide précieuse*
*et leurs conseils avisés.*

# *Préface*

Avez-vous déjà vu des étourneaux dans un pré ? Il suffit qu'un ou deux oiseaux s'envolent pour que tout l'essaim suive. Beaucoup d'autres animaux ont un comportement grégaire, comme les moutons que Rabelais a mis en scène : installé sur un bateau, son héros Panurge achète à un marchand une bête qu'il va précipiter dans la mer ; le reste du troupeau, demeuré la propriété du marchand, se jette à l'eau et se noie, ainsi que leur propriétaire accroché au dernier animal.

Cinq cents ans après Rabelais, le conformisme existe toujours et caractérise notre société, comme il caractérisait sans doute toutes les époques. Faut-il, pour autant, céder à la grisaille du politiquement correct ? Pour employer des expressions latines, la *major pars* n'est pas synonyme de la *sanior pars*. Ce que pense la majorité (*major pars*) ne signifie pas nécessairement qu'elle possède la vision la plus saine des choses. En 1939, en effet, l'idéologie en vogue allait conduire le monde à la catastrophe.

Le message du Christ est un appel à la responsabilité personnelle, à l'engagement dans la foi, à la liberté. *« C'est pour que nous soyons vraiment libres que le Christ nous a libérés »*, s'écrie saint Paul (Ga 5, 1). On pourrait certes citer différents exemples montrant des conformismes créés par l'aventure bimillénaire de l'Église, là où la religion chrétienne s'étendait à la société dans son ensemble. Cependant, loin de rester dans le domaine de l'utopie, l'appel à la liberté a été réalisé effectivement, en la personne des saints. Ils gagnèrent parfois de haute lutte leur vocation. Saint Augustin se convertit au prix d'un long parcours philosophique et d'un triomphe sur ses passions. Saint François d'Assise fut en butte à la moquerie de ses concitoyens parce qu'il avait choisi Dame Pauvreté. Jeanne d'Arc resta fidèle à sa vocation jusqu'à la mort, malgré les ministres indignes de l'Église qui voulaient la condamner. Saint Jean de la Croix parvint au sommet de la mystique par la nuit de la foi, etc.

Comment éviter de tomber dans le piège du conformisme ? Comment prendre en toute liberté la bonne décision à tel moment de mon existence ? Nous adressons notre reconnaissance à Bertrand Georges, le responsable de la communauté nouvelle du Verbe de Vie à Pensier (Fribourg), diacre permanent que j'ai eu la joie d'ordonner, de nous aider par son livre sur le discernement spirituel.

De manière heureuse, l'auteur ne donne pas un manuel de recettes toutes faites pour répondre au désir naturel du bonheur, à notre époque où les ouvrages consacrés au développement personnel, à la réussite de sa vie, risquent d'enfermer l'individu dans une démarche égocentrique ou même de le fourvoyer par des mensonges. Il nous invite au contraire à nous décentrer : « On ne trouve pas le bonheur en le cherchant, mais en cherchant Dieu, ou en cherchant le bonheur pour les autres. » Voilà tout un programme.

Nécessité du discernement dans une époque qui a perdu certains de ses repères ! Le discernement est présenté comme la feuille de route, dévoilée au fur et à mesure de notre avancée sur le chemin de l'existence. L'auteur le relie à deux mots grecs, riches de sens. Le premier signifie : « séparer, distinguer, choisir » et peut être illustré par l'image du tamis qui sépare les éléments aurifères du sable. Le second englobe l'idée de poids : on soupèse les choses afin de se rendre compte si elles sont ce qu'elles valent, et ce verbe est rattaché à l'image du changeur qui soupèse les différentes pièces pour juger de leur qualité. Le discernement consiste en la fusion du sens de ces deux verbes : il opère un tri parce qu'il a soupesé la valeur des actions.

C'est à la lumière de la Parole de Dieu et de la tradition de l'Église, notamment de saint Ignace de Loyola qui développa le thème du « discernement des esprits » à l'époque même où Rabelais mettait en scène les moutons de Panurge, que Bertrand Georges nous invite à réfléchir sur les orientations solennelles ou les actions plus humbles de la vie.

Nous laissons au lecteur le soin de découvrir la richesse de l'argumentation et surtout de mettre en pratique ce que l'auteur propose. En effet, loin d'être un ouvrage pour spécialistes, le livre que nous avons la joie de préfacer est un instrument pour aider le chrétien à discerner la volonté de Dieu sur lui et à opérer des choix concrets. Une prière de la messe dit : « Pour le bien de tous et pour ta gloire, Seigneur, tu as voulu que chaque membre de ton peuple te serve selon sa grâce et les appels de l'Esprit ; accorde à chacun de trouver sa fonction dans l'Église, en vue de constituer avec ses frères le corps de Jésus » (messe pour ceux qui accomplissent un ministère dans l'Église). Cette demande est la nôtre. Puissions-nous découvrir notre place dans l'Église, dans la société, et discerner les appels de l'Esprit afin de mieux comprendre ce que Dieu attend de nous !

✠ Mgr Bernard Genoud,
Évêque de Lausanne, Genève et Fribourg

# *Avant-Propos*

La *Didaché*, un document de très grande valeur, contemporain du Nouveau Testament, commence ainsi : « Il y a deux voies, l'une de la vie, l'autre de la mort ; mais entre les deux, une grande différence[1]. »

Cette affirmation, qui fait d'ailleurs écho à la parabole évangélique des deux voies, au Psaume premier et à bien d'autres textes bibliques, est toujours d'actualité. L'enseignement est le suivant : la voie du Christ « mène à la vie », la voie contraire « mène à la perdition ». Elle énonce ainsi l'importance des choix et des décisions que nous prenons pour notre chemin de vie et, finalement, pour notre salut[2].

Je suis souvent frappé de constater que des personnes, de plus en plus nombreuses, et parfois même chrétiennes pratiquantes, se trouvent devant l'incapacité de choisir ou de décider. Il est vrai que dans notre société, il est souvent très difficile de choisir, tant les propositions sont nombreuses, les voies divergentes et les voix discordantes. Nous ne sommes plus dans le temps où – je le dis de manière un peu schématique – les parents, Monsieur le curé et Madame l'institutrice, les personnes qui avaient un rôle important

1. Didaché 1, 1.

2. Mt 7, 13 (cf. Dt 30, 15-20) ; *Catéchisme de l'Église Catholique* (ci-après CEC) § 1696.

dans l'éducation, parlaient pour ainsi dire à l'unisson, transmettant les mêmes valeurs. Devant la multitude des possibilités qui s'offrent à nous, nous sommes fréquemment désemparés.

Un des éléments qui marque également notre époque, par ailleurs fascinante et porteuse de progrès extraordinaires, est, comme l'a dénoncé le pape Jean-Paul II, « l'air pollué des idées ». Combien de nos contemporains pourraient se retrouver dans ces mots : « Les fausses idéologies sont tellement fortes et séduisantes que parfois, je ne sais même plus si j'ai tort ou raison. » Certains sont comme ébranlés dans leurs certitudes et ne savent plus que penser, que choisir, tant au niveau des valeurs, de l'agir, notamment dans le domaine de la morale, que des grandes orientations de leur vie, comme dans les choix du quotidien, de l'éducation de leurs enfants... ou lorsqu'ils sont confrontés aux phénomènes des modes... Nous sommes souvent tiraillés entre ce qui nous apparaît comme des valeurs intemporelles et le « il faut bien vivre avec son temps » qui retentit à nos oreilles comme une rengaine continuellement répétée.

Et pourtant l'Église, comme une Mère et une enseignante, continue de nous donner des repères sûrs et solides[3]. Mais ceux-ci sont-ils toujours suffisamment relayés ou écoutés ? On a souvent raillé et critiqué l'attitude des catholiques pour qui « tout ce qui n'est pas obligatoire est interdit », accusant notre foi d'être ennemie de la liberté. Du coup, on n'a peut-être pas suffisamment osé poser de balises claires, non pas ennemies, mais bien plutôt garantes de notre liberté.

---

3. Particulièrement dans le domaine du discernement, au travers de la vie et de l'enseignement de saint Ignace de Loyola. On trouvera en annexe une courte biographie de ce saint. Je recommande de la lire avant d'entamer le premier chapitre de ce livre.

Aujourd'hui, il me semble que le besoin s'en fait sentir. Peut-être plus que jamais, nos contemporains ont besoin de repères solides et fiables. Et pas seulement les jeunes.

Il y a quelques mois, lors d'une retraite où j'essayais de transmettre quelques éléments pour vivre le discernement spirituel, une participante me confia son désarroi : « Ah ! si j'avais entendu cela, il y a vingt ans… continuez de l'enseigner ! Moi, je pourrais écrire un livre sur ce qu'il ne faut pas faire ! » Savoir ce qu'il ne faut pas faire est déjà utile. Mais avoir des repères solides pour connaître ce qu'il faut faire, c'est encore mieux. La remarque de cette femme me rappelle un souvenir : peu après mon retour au Seigneur, un ami me dit un jour : « Bertrand, quelle chance tu as de connaître Dieu. » Je lui répondis : « Mais toi aussi, tu le connais ! » En effet, cet homme était devenu profondément croyant. « Oui, mais toi, tu marches à sa suite étant jeune, alors que moi, je ne suis revenu à Lui qu'à cinquante ans, après bien des années d'errance. Quel temps perdu ! » À vrai dire, il n'est jamais trop tard pour revenir au Seigneur qui donne le même salaire aux ouvriers de la dernière heure[4], mais il n'en demeure pas moins que les années loin de Lui ne valent pas celles que nous passons dans ses parvis, car Il ne refuse pas le bonheur à ceux qui s'avancent sur le chemin qu'Il nous indique[5].

Un père jésuite américain écrivait :

> « Il n'y a peut-être pas, dans une époque de radicale transformation culturelle comme celle que nous traversons, de voie spirituelle plus réaliste que celle du discernement[6]. »

---

4. Cf. Mt 20, 1-16.

5. *« Mieux vaut un jour en tes parvis que mille à ma guise, rester au seuil dans la maison de mon Dieu qu'habiter la tente de l'impie. »* (Ps 84, 11)

6. John Caroll Futrell, *Le discernement spirituel*, Éditions du Cerf, p. 11.

Nous avons de nombreuses décisions à prendre, concernant les différents domaines de notre vie. Le retentissement de nos décisions a plus ou moins d'impact selon l'importance des choix que nous avons à faire.

À certains moments, nous sommes à un carrefour important ou amenés à négocier un grand virage. Il est des décisions qui orientent notre vie de manière décisive et durable.

Il y a aussi tous ces « petits » choix à poser, apparemment anodins, mais qui peuvent avoir de grandes répercussions pour nous-mêmes et pour les autres.

Combien il est doux et heureux de s'appliquer petit à petit à reconnaître la voix du Bien-Aimé dans le quotidien de nos vies, de discerner le chemin que le Seigneur nous indique. Pour tout cela, comme chrétiens, nous ne manquons pas de jalons. En donner quelques-uns, telle est la modeste ambition de cet ouvrage.

J'ai parfois été amusé, ou agacé, en voyant des couvertures d'ouvrages proposant des soi-disant « recettes miracles », par une certaine utopie ou, plus grave encore, par une tendance à profiter de la détresse ou de la naïveté d'un certain public. Ces duperies s'énoncent à peu près ainsi : « Si vous mettez en pratique les principes exposés dans ce livre, votre vie va changer, vos problèmes seront résolus… »

Et voilà qu'aujourd'hui, je suis tenté moi aussi de commencer par ces mots ce petit écrit sur le discernement des esprits. Et je le fais. Oui, je peux affirmer que si vous mettez en pratique ce qui est exposé ici, vous serez heureux. J'ose le dire, car les pistes que je présente dans ce livre ne sont pas de moi. Elles sont issues de la Parole de Dieu – et Dieu s'y connaît en bonheur –, de la Tradition de l'Église – experte en humanité – auxquelles s'ajoute une pointe de bon sens humain. C'est pourquoi je vous recommande de lire avec attention et même de méditer les nombreuses citations de la Bible, du magistère de l'Église ou d'auteurs spirituels qui émaillent ce texte. J'ai également choisi de faire figurer au bas de ces pages les références qui étayent mes propos. Ainsi le lecteur pourra aisément retrouver les passages cités ou évoqués et, s'il le souhaite, approfondir tel ou tel aspect de ce qui est exposé ici.

Une chose encore avant de commencer : contrairement aux ouvrages auxquels je fais allusion ci-dessus, je n'affirme pas que ce chemin de bonheur sera acquis sans efforts. Ce chemin est souvent laborieux, mais il est chemin du bonheur. Le Seigneur nous l'a promis et Il tient toujours ses promesses :

> *« Ne vous écartez ni à droite ni à gauche. Vous suivrez tout le chemin que le Seigneur votre Dieu vous a tracé, alors vous vivrez, vous aurez bonheur et longue vie dans le pays dont vous allez prendre possession*[7]. »

Nous en avons l'assurance : le Seigneur, dans sa fidélité, ne manquera pas de nous accompagner sur le magnifique et exigeant chemin de la vie. Il est lui-même le Chemin, la Vérité et la Vie[8].

---

7. Dt 5, 32-33.
8. Jn 14, 6.

Chapitre premier

# *Dieu veut notre bonheur*

## *Et si c'était vrai ?*

Commençons notre parcours par une bonne nouvelle : Dieu nous, me, te, veut heureux ! Ceci est très important : pour discerner, il faut faire confiance et pour faire confiance, il faut être sûr que Dieu veut notre bonheur. Comment, en effet, s'engager, voire engager toute notre vie à la suite de quelqu'un en qui nous n'aurions pas confiance ? Cette disposition du cœur est essentielle, mais elle n'est pas des plus faciles. Il y a donc, au départ, un acte de foi à poser. Pour ce faire, il est nécessaire de s'arrêter un peu et de prier. Cet acte de foi est à refaire souvent.

Le bonheur est un thème porteur, presque racoleur dans certains cas. Normal, nous le désirons tous. Comme le dira saint Augustin :

> « Tous certainement nous voulons vivre heureux, et dans le genre humain il n'est personne qui ne donne son assentiment à cette proposition avant même qu'elle ne soit pleinement énoncée [9]. »

9. St Augustin, cité dans CEC § 1718.

Le bonheur, tout le monde en parle, certains le promettent, souvent moyennant abondante finance, mais qui est capable de le donner vraiment ?

Notre société ne manque pas de multiplier les occasions de plaisirs, elle fait preuve d'une imagination débordante pour inventer toujours et encore des nouveautés, pour distraire [10], amuser, divertir... mais elle a bien du mal à sécréter la joie [11]. Bien souvent, l'homme d'aujourd'hui est déçu et triste parce qu'il cherche la joie là où elle n'est pas. Dans sa quête de bonheur, il se trompe de chemin. On confond fréquemment plaisir et bonheur, amour et convoitise, joie intérieure et fait de « s'éclater ».

Il ne s'agit pas ici de dénigrer les aspects positifs du plaisir, mais de ne pas nous en contenter, car ils ne peuvent, à eux seuls, nous combler. Ce rappel est particulièrement approprié à notre époque très marquée par les courants hédonistes. Lors de la veillée des JMJ de l'an 2000, le pape Jean-Paul II a su, avec des mots d'une grande clarté, nous mettre en garde contre ces mirages et nous appeler à prendre la bonne direction :

> « Les jeunes sont souvent tentés par les mirages d'une vie facile et confortable, par la drogue et l'hédonisme, pour se trouver ensuite dans la spirale du désespoir, du non-sens, de la violence. Il est urgent de changer de route en direction du Christ [12]. »

---

10. Distraire : du latin *distrahere* : tirer en divers sens. Quand on parle de s'éclater, il y a quelque chose de vrai. Mais après l'éclatement, il faut parfois « ramasser les morceaux... ». Au fond de nous, nous aspirons plus à l'unité intérieure qu'à l'éclatement.

11. Cf. *Gaudete in Domino*, exhortation apostolique de Paul VI sur la joie chrétienne, 1975.

12. Tor Vergata, 19 août 2000.

Alors de quel bonheur suis-je en train de vous parler au début de ces lignes ? Le *Catéchisme de l'Église Catholique* (CEC), dans son tout premier article, nous affirme avec autorité :

> « Dieu, infiniment Parfait et Bienheureux en Lui-même, dans un dessein de pure bonté, a librement créé l'homme pour le faire participer à Sa vie bienheureuse. C'est pourquoi, de tout temps et en tout lieu, Il est proche de l'homme. Il l'appelle et l'aide à Le chercher, à Le connaître et à L'aimer de toutes ses forces. Il convoque tous les hommes que le péché a dispersés dans l'unité de sa famille, l'Église. Il le fait par son Fils qu'Il a envoyé comme Rédempteur et Sauveur lorsque les temps furent accomplis. En Lui et par Lui, Il appelle les hommes à devenir, dans l'Esprit Saint, ses enfants d'adoption, et donc les héritiers de Sa vie bienheureuse. »

Voilà le bonheur dont il est question ! Ce n'est pas du toc, c'est du vrai. Jésus nous en parle avec des mots très forts dans son discours des Béatitudes. Heureux, heureux, heureux [13]…, mais aussi en tant d'autres occasions : *« Votre cœur sera dans la joie, et votre joie, nul ne vous l'enlèvera* [14]*. »* Le Psaume 4 nous exprime à la fois la quête de bonheur du grand nombre, la source de ce bonheur, ainsi que des composantes fort désirables de celui-ci :

> *« Beaucoup disent : "Qui nous fera voir le bonheur ?" Fais lever sur nous la lumière de ta face. Seigneur, tu as mis en mon cœur plus de joie qu'aux jours où leur froment, leur vin nouveau débordent. En paix, tout aussitôt, je me couche et je dors : c'est toi, Seigneur, qui m'établis à part, en sûreté. »* (Ps 4, 7-9)

Ne sentons-nous pas, en méditant ces versets, émerger en nos cœurs un grand désir de Dieu ?

---

13. Mt 5, 3 ; Lc 6, 20.
14. Jn 16, 22.

Cette joie est possible dès ici-bas sur cette terre. Le bonheur total, absolu, parfait, sans ombre, sans douleur, on est bien d'accord, ce sera pour le Ciel. Mais dès ici-bas, le Seigneur veut pour nous la vie en abondance. Dès ici-bas, Il veut nous donner de goûter les prémices du royaume de Dieu. Tous les saints ont été profondément heureux. Tous rayonnaient d'une joie profonde, inaltérable, même au milieu de grandes épreuves. Et pourtant, ils ne possédaient la plupart du temps ni les honneurs ni la fortune…

Pourquoi ? Parce qu'ils cherchaient et trouvaient leur bonheur en Dieu. Voici, pêle-mêle, quelques cris de joie de certains d'entre eux :

La Vierge Marie :

*« Mon âme exalte le Seigneur et mon esprit exulte en Dieu mon Sauveur. »* (Lc 1, 46-47)

Saint Augustin :

« L'homme est fait pour vivre en communion avec Dieu en qui il trouve son bonheur : "Quand tout entier je serai en Toi, il n'y aura plus jamais de chagrin et d'épreuve ; tout entière pleine de Toi, ma vie sera accomplie" [15]. »

Sainte Thérèse d'Avila :

« Dieu seul suffit, quand on a Dieu on a tout. Qui a Dieu ne manque de rien. »

Saint Séraphim de Sarov :

« Ma joie, Christ est ressuscité ! »

---

15. *Confessions* de saint Augustin, cité dans CEC § 45.

Le prophète Habacuc :

*« Mais moi je me réjouirai dans le Seigneur, j'exulterai en Dieu mon Sauveur ! Il est ma force*[16]*. »*

L'ange envoyé de Dieu :

*« Soyez sans crainte, car voici que je vous annonce une grande joie, qui sera celle de tout le peuple : aujourd'hui vous est né un Sauveur*[17]*. »*

Claire de Castelbajac à vingt ans :

« Je continue à nager dans la joie et la paix intérieure. J'aime tout le monde et j'ai envie de rendre tout le monde heureux : ça doit être cela, la joie des enfants de Dieu ! Depuis le temps que je la cherche ! »
« Je suis tellement heureuse que si je mourais maintenant, je crois que j'irais tout droit au Ciel, puisque le Ciel, c'est la louange de Dieu et j'y suis déjà[18]. »

Avant de poursuivre la lecture, il serait bon de méditer à partir de l'un ou l'autre de ces témoignages.

Ce que Dieu a fait pour eux, pourquoi ne le ferait-il pas aussi pour vous ?

Si tu crois dans ton cœur que le Seigneur veut que tu sois heureux, sur cette terre, et combien plus encore dans la vie éternelle, tu peux t'engager sans crainte sur le chemin du discernement et Lui demander, dans les petites comme dans les grandes décisions de ta vie : *« Que dois-je faire, Seigneur*[19] *? »*

---

16. Ha 3, 18-19.
17. Lc 2, 10-11.
18. Claire de Castelbajac, *Vivre Dieu dans la joie,* Éditions Lauret. Claire, 1953-1975, a compris et nous aide à comprendre que la confiance totale engendre la joie des enfants de Dieu et que notre vocation au bonheur peut et doit déjà se réaliser en partie sur cette terre.
19. Ac 22, 10.

## *Pas un bonheur facile, mais un bonheur réel*

Pour ma part, je ne peux pas dire que j'étais malheureux avant ma conversion, mais je ne peux pas dire non plus que j'étais vraiment heureux. Durant mon adolescence, j'ai vécu quelques années sans le Seigneur : je l'avais, non pas rejeté, mais délaissé. Je suis revenu à Lui à l'âge de vingt et un ans. On peut donc dire que j'ai testé les deux. À savoir : me débrouiller tout seul et laisser au Seigneur le soin de conduire ma vie. La différence est de taille ! Je découvre depuis, et cela fait près de vingt ans alors que j'écris ces lignes, ce qu'est le bonheur.

Il s'agit d'un bonheur tout simple, plus intérieur qu'extérieur, qui se savoure au quotidien, dans les joies, mais aussi dans les peines de la vie à la suite du Christ. Pour moi, ce bonheur prend visage dans la grâce du mariage, de la famille et de la vie communautaire. Oui, vraiment, il est bon, il est doux de vivre ensemble en frères[20]. C'est pourquoi j'aime à redire ce psaume :

> *« Une chose qu'au Seigneur je demande, la chose que je cherche, c'est d'habiter la maison du Seigneur tous les jours de ma vie, de savourer la douceur du Seigneur, de rechercher son palais. Car il me réserve en sa hutte un abri au jour de malheur ; il me cache au secret de sa tente, il m'élève sur le roc*[21]*. »*

Une des grâces particulières de notre époque consiste dans le fait que la vie communautaire, dans des formes adaptées, est accessible non seulement aux prêtres et aux religieux, mais également aux célibataires, couples, familles, veufs…

---

20. Cf. Ps 133, 1.
21. Ps 27, 4-5.

Si Dieu nous y appelle, ayons alors l'audace de répondre. Ce qui nous freine parfois, lorsque Dieu nous indique une voie, c'est de penser, sans vraiment se l'avouer, qu'Il ne s'y connaît pas suffisamment en bonheur. Ou alors qu'Il ne vaut pas la peine que l'on parie toute notre vie sur Lui. Si Lui n'en vaut pas la peine, alors qui ou quelle cause en vaudra la peine ?

Le vrai bonheur ne réside pas en un état de vie ou en un autre, mais dans le fait d'être à sa place, c'est-à-dire : là où le Seigneur nous appelle. Encore faut-il le Lui demander, et accepter ce qu'Il nous propose. La crise des vocations ne provient certainement pas de l'Appeleur (qui délaisserait son peuple, ou oublierait d'appeler), mais bien des appelés (qui oublient ou refusent de répondre ou tout simplement d'écouter). Pour ma part, je suis intimement persuadé que de nos jours, le Seigneur appelle. Nous sommes libres de répondre ou non. Si quelqu'un « a la vocation » (nous en avons tous une) et ne répond pas, c'est dommage. Dommage pour le Royaume, pour les autres et pour lui-même.

Il est vrai qu'il existe des personnes qui marchent à la suite du Christ et n'ont pas l'air très heureuses. Du reste, personne ne peut dire qu'il est toujours un témoin rayonnant. À ce propos, l'interpellation quasi proverbiale de Frédéric Nietzsche adressée aux chrétiens : « Je croirai, quand les chrétiens auront une tête de sauvés » doit nous interroger. Il n'en demeure pas moins que, parmi ceux qui sont des chrétiens convaincus, pratiquants et fervents, qui désirent profondément suivre et imiter Jésus-Christ, une immense majorité est heureuse.

Heureux… autant qu'il est possible sur cette terre. Ces personnes savent, en effet, que l'on ne peut être totalement comblé ici-bas. Pour le dire autrement, nous connaissons l'origine de cette part d'insatisfaction qui demeure en nous, et qui s'estompe dans la mesure exacte de la place que nous laissons à Jésus dans nos vies. « Tu nous as faits pour toi [Seigneur] et notre cœur est sans repos tant qu'il ne se repose en toi [22]. » La raison est que nous sommes faits pour davantage. Nous sommes faits pour le Ciel.

C'est dans cette Patrie céleste que nous serons pleinement heureux. Voici, sous la plume de saint Jean, quelques versets qui nourrissent notre espérance :

> *« Puis je vis un ciel nouveau, une terre nouvelle car le premier ciel et la première terre ont disparu, et de mer, il n'y en a plus. Et je vis la Cité sainte, Jérusalem nouvelle, qui descendait du Ciel, de chez Dieu ; elle s'est faite belle, comme une jeune mariée parée pour son époux. J'entendis alors une voix clamer, du trône : "Voici la demeure de Dieu avec les hommes. Il aura sa demeure avec eux ; ils seront son peuple, et lui, Dieu-avec-eux, sera leur Dieu. Il essuiera toute larme de leurs yeux : de mort, il n'y en aura plus ; de pleur, de cri et de peine, il n'y en aura plus, car l'ancien monde s'en est allé" [23]. »*

Pas de meilleure piste, pour nous y rendre, que Celui qui a dit de lui-même qu'Il est le Chemin, la Vérité et la Vie [24]. En attendant, croyons que Dieu nous veut heureux dès ici-bas, et soyons-en sûrs : Il nous donne les moyens d'y parvenir.

Alors, prenons le chemin du Christ et laissons-le réussir nos vies.

---

22. *Confessions* de saint Augustin, cité dans CEC § 30.

23. Ap 21, 1-4. Je me permets de suggérer au lecteur qui voudrait approfondir ce thème de la vie éternelle de consulter mon livre : *Vivre dans la louange*, Éditions des Béatitudes, p. 30-38.

24. Jn 14, 6.

## *Est-il facile de suivre le Christ ?*

S'adressant aux jeunes rassemblés à Rome pour l'année jubilaire 2000, le pape Jean-Paul II leur adresse une question surprenante :

> « Chers jeunes, dans un tel monde, est-il difficile de croire ? En l'an 2000, est-il difficile de croire ? Oui, c'est difficile ! On ne peut pas le nier. C'est difficile, mais avec l'aide de la grâce, c'est possible[25]. »

Comme chacun ou presque, j'ai évidemment traversé certaines épreuves dans mon cheminement de foi. J'ai pu alors apprendre petit à petit que les deux réalités – épreuve et bonheur – ne sont pas incompatibles. En Luc 9, l'évangile nous rapporte cette phrase assez déroutante du Seigneur : *« Et Jésus disait à tous : "Si quelqu'un veut venir à ma suite, qu'il se renie lui-même, qu'il se charge de sa croix chaque jour, et qu'il me suive[26]." »* Tout aussi impressionnant : Il prend soin de préciser que cette exigence n'est pas adressée uniquement à quelques-uns, mais à tous. Nous voilà prévenus !

Quelques années auparavant, dans son livre *Entrez dans l'espérance*[27], Jean-Paul II nous rappelait que « le Seigneur n'a jamais bercé d'illusions ni ses disciples, ni ceux qui l'écoutaient ». Les gourous attirent à eux en faisant des promesses mensongères et fallacieuses, le Seigneur, Lui, nous dit la vérité : Il ne prétend pas que c'est facile de le suivre.

Mais, comme nous le rapporte le pape Jean-Paul II en poursuivant sa réflexion, sa grâce ne fait jamais défaut :

---

25. Tor Vergata, veillée des JMJ 2000.
26. Lc 9, 23.
27. Jean-Paul II, *Entrez dans l'espérance*, Éditions Plon-Mame, p. 321.

« Jésus confirme toute la vérité de l'Évangile et toutes les obligations qui en découlent. Mais Il révèle en même temps que ces exigences ne dépassent pas les forces de l'homme. Si l'homme accepte ces implications de sa foi, il trouve alors, dans la grâce que Dieu ne lui refuse pas, la force qui lui permet de faire face. Le monde déborde de preuves de l'action de cette force rédemptrice, que les évangiles annoncent avec bien plus de clarté qu'ils n'imposent des exigences morales... Accepter les exigences évangéliques, c'est assumer toutes les dimensions de sa propre humanité, y discerner la beauté du dessein de Dieu en reconnaissant la réalité de toutes les faiblesses humaines à la lumière de la puissance même de Dieu : *"Ce qui est impossible pour les hommes est possible pour Dieu."* (Lc 18, 27) »

## *Du sens à ta souffrance*

Ici se pose une question. Est-ce de suivre Jésus qui est difficile, ou tout simplement d'être dans la condition humaine ? Pour le dire autrement : suivre Jésus, c'est difficile, mais n'est-ce pas plus difficile encore de ne pas le suivre ?

Oui, l'Évangile est exigeant. Cela est vrai. Lorsque nous voulons suivre le Christ, nous partageons une part de sa souffrance, ne serait-ce qu'en devenant plus sensibles aux souffrances de nos frères et sœurs les hommes, vivant ainsi la parole de Paul qui nous invite à pleurer avec qui pleure, c'est-à-dire à exercer la compassion. N'oublions pas que l'Apôtre nous appelle également, et même avant tout, à nous réjouir avec qui est dans la joie[28].

---

28. Rm 12, 15.

N'oublions pas non plus que vivre nos épreuves avec le Christ peut leur donner un sens et une fécondité, même si elles n'en demeurent pas moins des épreuves. Offertes avec amour, elles peuvent devenir acte de réparation pour les péchés qui offensent Dieu, et de supplication pour la conversion des pécheurs.

N'y a-t-il pas là un écho de ce que saint Paul confiait aux chrétiens de Colosse :

> *« En ce moment, je trouve ma joie dans les souffrances que j'endure pour vous, et je complète en ma chair ce qui manque aux épreuves du Christ pour son Corps, qui est l'Église*[29]. »

Paul ne prétend pas ajouter quoi que ce soit à la valeur rédemptrice de la croix, à laquelle rien ne saurait manquer, mais avec d'autres, il s'associe aux épreuves de Jésus selon une mesure prévue dans le plan divin[30].

Pourquoi rapporter cela ? Certainement pas pour exalter la souffrance. En tant que telle, elle est un mal. Vécue dans la solitude ou mal accompagnée, elle peut avoir des effets terriblement destructeurs, notamment au niveau du psychisme de ceux qui la vivent. Consciente de cela, l'Église s'emploie à la combattre et à la soulager depuis deux mille ans. Pensons à tous les ordres soignants présents depuis des siècles là où les hommes souffrent. Notre époque en a un lumineux exemple avec les Sœurs et Frères Missionnaires de la Charité de Mère Teresa.

Mais lorsque la souffrance se présente tout de même, elle peut, si elle est offerte, unie à celle de Jésus dans sa Passion, prendre un sens, porter une fécondité et même devenir missionnaire. Je me souviens d'un grand malade qui souffrait

---

29. Col 1, 24.
30. Voir la note de Col 1, 24 dans la Bible de Jérusalem.

terriblement. En partageant avec lui, il m'apparaissait que son besoin le plus criant, peut-être même encore avant le désir d'être soulagé de sa douleur, était de trouver un sens à sa souffrance. Pourquoi ? Pour quoi ? Cet enseignement de Jean-Paul II peut nous éclairer :

> « La valeur salvifique de toute souffrance acceptée et offerte à Dieu avec amour découle du sacrifice du Christ, qui appelle les membres de son Corps mystique à s'associer à ses propres souffrances et à les compléter en leur chair. Le sacrifice du missionnaire doit être partagé et soutenu par celui des fidèles. C'est pourquoi je recommande à ceux qui exercent leur ministère pastoral parmi les malades de leur apprendre la valeur de la souffrance et de les encourager à l'offrir à Dieu pour les missionnaires. Par cette offrande, les malades deviennent missionnaires eux aussi [31]… »

De même, dans son exhortation apostolique *Christi fideles laici* [32] :

> « À tous et à chacun s'adresse l'appel du Seigneur : les malades eux aussi sont envoyés comme des ouvriers dans sa vigne. Le poids qui fatigue les membres du corps et ébranle la sérénité de l'âme, loin de les détourner d'aller travailler à la vigne, les invite à vivre leur vocation humaine et chrétienne et à participer à la croissance du Royaume de Dieu sous des modalités nouvelles et même plus précieuses. Les paroles de l'apôtre Paul doivent devenir leur programme et, tout d'abord, elles sont une lumière qui fait briller à leurs yeux le sens de grâce de leur situation elle-même : *"Ce qu'il reste à souffrir des épreuves du Christ, je l'accomplis dans ma propre chair, pour son Corps qui est l'Église."* »

---

31. *Redemptoris Missio* n° 78.
32. *Redemptoris Missio* n° 53.

Le Saint-Père, s'appuyant sur l'expérience de Paul, nous conduit même plus loin :

> « C'est en faisant cette découverte que l'Apôtre est arrivé à la joie : *"Je trouve la joie dans les souffrances que je supporte pour vous."* Pareillement, beaucoup de malades peuvent devenir porteurs de *"la joie de l'Esprit Saint au milieu de bien des épreuves"* et être témoins de la Résurrection de Jésus. »

Il poursuit en nous transmettant le témoignage d'une personne handicapée, puis il ajoute :

> « Il est très important de mettre en lumière le fait que les chrétiens qui vivent dans des situations de maladie, de souffrances, de vieillesse, sont invités par Dieu non pas seulement à unir leur propre douleur à la Passion du Christ, mais aussi à accueillir dès maintenant en eux-mêmes et à transmettre aux autres la force de renouveau et la joie du Christ ressuscité. »

J'ai souvent entendu cette assertion : « Dieu n'est pas venu supprimer la souffrance (du moins pas ici-bas) ; Il n'est même pas venu l'expliquer. Il est venu la remplir de sa Présence[33]. » Oui, dans toutes les situations que nous vivons, Jésus est avec nous, Il nous donne la force et, souvent, la consolation pour traverser nos moments difficiles.

Ainsi, dans les moments difficiles, il est bon de nous rappeler que, si l'épreuve et la souffrance sont le lot de la condition humaine, les vivre en union avec Jésus peut leur donner sens et fécondité. Du reste, la proximité du Seigneur et de la Vierge Marie est source de grandes consolations.

33. Paul Claudel.

## *Ne doute pas de ton Dieu*

Les personnes qui ne connaissent pas le Seigneur ou choisissent de ne pas le suivre connaissent aussi l'épreuve, c'est évident. Il existe une « croix du monde », une croix des païens, une croix des sans-Dieu…

Parfois, nous pensons que Dieu ne veut pas que nous soyons heureux ou que si nous nous engageons de manière plus résolue à vivre l'Évangile, nous aurons plus de difficultés…

Il nous faut bien le reconnaître : il y a en nous quelque chose qui résiste, qui se méfie, qui a peur. Parfois, l'ennemi s'applique à nous décourager ou à nous faire douter de Dieu. Cette attitude est une conséquence du péché originel. Laissons le *Catéchisme* nous enseigner :

> « L'homme, tenté par le diable, a laissé mourir dans son cœur la confiance envers son Créateur (cf. Gn 3, 1-11) et, en abusant de sa liberté, a désobéi au commandement de Dieu. C'est en cela qu'a consisté le premier péché de l'homme (cf. Rm 5, 19). Tout péché, par la suite, sera une désobéissance à Dieu et un manque de confiance en sa bonté[34]. »

Un manque de confiance en sa bonté. Voilà qui est éclairant.

Le *Catéchisme* continue :

> « L'Écriture montre les conséquences dramatiques de cette première désobéissance. Adam et Ève perdent immédiatement la grâce de la sainteté originelle (cf. Rm 3, 23). Ils ont peur de ce Dieu (cf. Gn 3, 9-10) dont ils ont conçu une fausse image, celle d'un Dieu jaloux de ses prérogatives (cf. Gn 3, 5)[35]. »

---

34. CEC § 397.
35. CEC § 399.

Il est bon de se redire, même si c'est évident, que c'est le propre de la condition humaine d'être parfois confrontés à des difficultés. Nous serons tous, un jour ou l'autre, marqués par le deuil, l'échec ou la maladie… Nous faisons tous l'expérience du mal. Mais inutile d'accuser Dieu ; la cause est ailleurs… :

> « Ce que la révélation divine nous découvre, notre propre expérience le confirme. Car l'homme, s'il regarde au-dedans de son cœur, se découvre également enclin au mal, submergé de multiples maux qui ne peuvent provenir de son Créateur, qui est bon. Refusant souvent de reconnaître Dieu comme son principe, l'homme a, par le fait même, brisé l'ordre qui l'orientait à sa fin dernière, et, en même temps, il a rompu toute harmonie, soit par rapport à lui-même, soit par rapport aux autres hommes et à toute la création[36]. »

Je me souviens à ce propos d'une anecdote rapportée par un ami prêtre : lors d'une Eucharistie, celui-ci avait commenté les textes de la chute de nos « premiers parents ». Après la Messe, il entend, par la fenêtre de la sacristie, deux femmes assez âgées continuer la réflexion : « Quand même, à cause de ces deux-là (Adam et Ève), on est tous en train de payer », dit la première. « Arrête, lui répondit son amie, si on avait été à leur place, on aurait fait la même chose… »

Autant dire que la tentation de douter de la bonté de Dieu nous assaille tous, plus ou moins. En avoir conscience nous provoque à rejeter ce mensonge et à entrer profondément dans cette conviction : j'ai été créé pour le bonheur.

Et, bien sûr, n'oublions jamais que même si l'homme s'est détourné du Seigneur, Celui-ci ne nous abandonne pas au pouvoir de la mort[37]. Il est notre Sauveur. Nous pouvons

---

36. *Gaudium et spes,* 13.
37. Cf. Prière Eucharistique IV.

toujours, en cas de chute, nous réfugier dans sa Miséricorde infinie. *« Si nous sommes infidèles, lui reste fidèle*[38]. »

## *C'est beau d'être chrétien !*

Il n'est pas inutile de réfléchir au fait que ceux qui ne désirent pas fonder leur vie sur les valeurs évangéliques sont souvent la propre cause de leurs épreuves. Il n'est pas toujours facile de suivre le Christ. Mais il est parfois bien plus difficile encore de ne pas le suivre. Il est des comportements qui engendrent tourments, amertume, chagrins et afflictions. Combien de souffrances engendrées par de fausses conceptions sur l'amour, le mariage, la liberté…

Alors, disons-le à l'endroit : l'Évangile est source de bonheur.

Croyons le Seigneur lorsqu'Il nous invite à vivre selon son enseignement, à vivre selon l'Évangile, à obéir à sa Parole. Jésus nous dit : *« Si vous m'aimez, vous garderez mes commandements*[39]. » C'est parce qu'Il nous aime qu'Il nous dit cela. Quand Jésus nous donne des commandements et quand l'Église nous les rappelle, ce n'est pas pour nous contrarier ou nous rendre la vie plus compliquée, mais pour que notre joie soit complète[40]. Autrement dit, si vous voulez vivre heureux sur cette terre, suivez Jésus. Il sait, Lui notre Créateur et Sauveur, ce qu'Il faut faire pour être heureux. Il le sait, et Il nous le dit. Le Père nous a créés, Il connaît le mode d'emploi !

Lors de la Messe inaugurale de son pontificat, le 24 avril 2005, le pape Benoît XVI nous l'a rappelé avec force :

---

38. 2 Tm 2, 13.
39. Jn 14, 15.
40. Jn 15, 11.

« Il n'y a rien de plus beau que d'être rejoints, surpris par l'Évangile, par le Christ. Il n'y a rien de plus beau que de le connaître et de communiquer aux autres l'amitié avec lui [...]. N'avons-nous pas tous peur, si nous laissons entrer le Christ totalement en nous, si nous nous ouvrons totalement à lui, peur qu'Il puisse nous déposséder d'une part de notre vie ? N'avons-nous pas peur de renoncer à quelque chose de grand, d'unique, qui rend la vie si belle ? Ne risquons-nous pas de nous trouver ensuite dans l'angoisse et privés de liberté ? [...] Non ! Celui qui fait entrer le Christ ne perd rien, rien, absolument rien de ce qui rend la vie libre, belle et grande. Non ! Dans cette amitié seulement s'ouvrent tout grand les portes de la vie. Dans cette amitié seulement se dévoilent réellement les grandes potentialités de la condition humaine. Dans cette amitié seulement nous faisons l'expérience de ce qui est beau et de ce qui libère. Ainsi, aujourd'hui, je voudrais, avec une grande force et une grande conviction, à partir d'une longue expérience de vie personnelle, vous dire [...] : N'ayez pas peur du Christ ! Il n'enlève rien et Il donne tout. Celui qui se donne à lui reçoit le centuple. Oui, ouvrez, ouvrez tout grand les portes au Christ et vous trouverez la vraie vie. »

Quelques mois plus tard, à la veille de son départ pour les JMJ de Cologne, un journaliste de Radio Vatican demande au Pape quel est le message qu'il souhaite transmettre aux jeunes du monde entier rassemblés en Allemagne[41] :

« Je voudrais leur faire comprendre que c'est beau d'être chrétiens ! L'idée largement répandue est que les chrétiens doivent obéir à d'innombrables commandements, interdits, principes et autres choses du même genre et que par conséquent, le christianisme est épuisant, difficile à vivre et qu'on est plus libre sans tous ces fardeaux. Moi, au contraire, je voudrais leur faire comprendre qu'être soutenu par un grand Amour et par une révélation, ce n'est pas un fardeau : cela

41. Cf. www.zenit.org

donne des ailes et que c'est beau d'être chrétien. Cette expérience nous donne de l'ampleur, mais elle nous donne surtout le sentiment de vivre dans une communauté. C'est-à-dire qu'en tant que chrétiens, nous ne sommes jamais seuls : en premier lieu il y a Dieu qui est toujours avec nous ; et puis nous, entre nous, nous formons toujours une grande communauté, une communauté en chemin, qui a un projet pour l'avenir : tout cela fait que nous vivons une vie qui vaut la peine d'être vécue. La joie d'être chrétien : c'est beau et il est juste aussi de croire. »

## *Bâtissez votre vie sur le Roc !*

Si le monde vivait simplement selon les dix commandements[42], nous verrions d'immenses changements positifs dans bien des domaines. Cet appel résonne comme une promesse dans le psaume : *« Le Seigneur ne refuse pas le bonheur à ceux qui marchent en parfaits. Seigneur Sabaot, heureux qui se fie en toi[43] ! »*

Pensez aux évolutions qui auraient cours dans notre humanité et dans nos vies si le Seigneur était aimé par tous et son Nom honoré, si nous aimions chacun notre prochain, si la guerre, le meurtre, l'adultère, le vol, l'envie, la jalousie, le mensonge… étaient éradiqués. Cela paraît impossible ? Difficile certainement, mais pas impossible : « Ce que Dieu commande, Il le rend possible par sa grâce[44]. » Que le monde entier vive les commandements : cela commence par moi et aujourd'hui. Une autre traduction du psaume cité ci-dessus nous indique – et c'est encourageant – que Dieu ne refuse pas le bonheur à ceux qui s'avancent sur ce chemin

42. Une section entière du CEC leur est consacrée : articles 425 à 513.
43. Ps 84, 12-13.
44. CEC § 2082.

de perfection. Il y a donc un appel à un cheminement, à une croissance, toujours accompagné de la grâce de Dieu.

Je me souviens de l'histoire de ce vieux moine qui était frappé, meurtri, par la misère du monde, le mal et la souffrance. Fidèlement, il faisait monter vers Dieu sa prière d'intercession. Celle-ci, se faisant suppliante, était souvent pénétrée de « pourquoi, pourquoi, Seigneur ? » qui sans doute faisaient écho au pourquoi de Jésus sur la croix[45]. Peut-être n'attendait-il pas de réponse, mais en priant ainsi, il était solidaire du monde souffrant, il en était l'intercesseur. Toujours est-il qu'après sept ans, il perçut dans son cœur comme une réponse à ses pourquoi. Cette réponse prit la forme d'une question : « Et si on m'écoutait ? »

Cet appel résonne de manière bouleversante dans la Parole de Dieu : *« Écoute, mon peuple, je t'adjure, ô Israël, si tu pouvais m'écouter[46] ! »*

Ô mon Dieu, si le monde pouvait t'écouter, c'est-à-dire s'appliquer à entendre, et, en élargissant le sens du mot écouter, si nous savions accueillir avec faveur ce que tu nous dis dans ta Parole, jusqu'à y adhérer, te faire confiance, non seulement en théorie, mais aussi en actes, en pratique.

Le Seigneur nous a lui-même prévenus des conséquences de notre manière de vivre :

> *« Ainsi, quiconque écoute ces paroles que je viens de dire et les met en pratique, peut se comparer à un homme avisé qui a bâti sa maison sur le roc. La pluie est tombée, les torrents sont venus, les vents ont soufflé et se sont déchaînés contre cette maison, et elle n'a pas croulé : c'est qu'elle avait été fondée sur le roc. Et quiconque entend ces paroles que je viens de dire et ne les met pas en pratique, peut se comparer*

---

45. *« Eli, Eli, lema sabachtani »*, c'est-à-dire : *« Mon Dieu, mon Dieu, pourquoi m'as-tu abandonné ? »* (Mt 27, 46 ou Mc 15, 34).

46. Ps 81, 9.

*à un homme insensé qui a bâti sa maison sur le sable. La pluie est tombée, les torrents sont venus, les vents ont soufflé et se sont rués sur cette maison, et elle s'est écroulée. Et grande a été sa ruine*[47] *!* »

## *On le trouve sans le chercher*

On entend dire parfois : « L'Évangile, c'est le monde à l'envers et… le cœur à l'endroit ! » Dans la même optique, dans l'esprit des Béatitudes, j'oserais dire que finalement, le bonheur, on le trouve lorsque l'on arrête de le chercher à tout prix. Ou plus précisément : on en vit soi-même lorsqu'on le cherche… pour les autres. Jésus n'a-t-Il pas dit : *« Il y a plus de bonheur à donner qu'à recevoir*[48]. »

Le bonheur ne se prend pas, ne se fabrique pas, il se reçoit. Il se reçoit d'un Autre, il se reçoit pour les autres. On ne trouve pas le bonheur en le cherchant, mais en cherchant Dieu. François d'Assise nous le rappelait lui aussi : « C'est en s'oubliant que l'on se retrouve soi-même. »

Thérèse de Lisieux, comme tous les saints, a fait cette découverte. C'était à Noël 1886. La famille revient de la messe de minuit où elle a « eu le bonheur de recevoir le Dieu fort et puissant ».

En arrivant aux Buissonnets (sa maison), elle se réjouit d'aller prendre les souliers dans la cheminée. Le papa, fatigué, manifesta de l'ennui et dit : « Enfin, heureusement que c'est la dernière année !... » Comme Thérèse est très sensible depuis la mort de leur maman, Céline craint le chagrin de sa sœur. Mais :

> « Thérèse n'était plus la même, Jésus avait changé son cœur ! La petite Thérèse avait retrouvé la force d'âme qu'elle avait

---

47. Mt 7, 24-27.
48. Ac 20, 35.

perdue à quatre ans et demi et c'était pour toujours qu'elle devait la conserver !... »

Elle nous relate alors l'extraordinaire grâce qu'elle a reçue :

« En cette nuit de lumière commença la troisième période de ma vie, la plus belle de toutes, la plus remplie des grâces du Ciel… En un instant, l'ouvrage que je n'avais pu faire en dix ans, Jésus le fit, se contentant de ma bonne volonté qui jamais ne me fit défaut. »

Enfin, et c'est là qu'elle rejoint notre propos, elle nous explique la raison de son bonheur :

« Je sentis en un mot la charité entrer dans mon cœur, le besoin de m'oublier pour faire plaisir et depuis lors, je fus heureuse[49] !... »

Parfois, nous nous disons : quand j'aurai ceci ou cela, je serai heureux… N'attends pas d'avoir ce que tu veux pour être heureux ! Demande au Seigneur de répandre la charité en ton cœur, par l'Esprit Saint[50]. C'est la clé du bonheur !

## *Et si nous Lui faisions confiance…*

Sommes-nous vraiment convaincus que nous pouvons faire confiance au Seigneur ? J'ai remarqué (et pas seulement chez moi !) qu'il y a des domaines de notre vie où cela est plus spontané que pour d'autres. On veut bien Lui confier certains « ministères » comme celui de la protection des enfants, de la vie spirituelle ou « SOS assistance » en cas de pépins urgents…, par contre, en ce qui concerne la vie affec-

49. *Manuscrits autobiographiques*, A 45 verso.
50. Rm 5, 5.

tive et sexuelle, l'agenda et le porte-monnaie, on préfère qu'Il ne s'en mêle pas trop. Il ne s'agit pas, évidemment, de se déresponsabiliser, mais, nous le verrons, de soumettre et confier à Dieu les orientations que nous prenons, afin de Lui permettre de demeurer en tout le Seigneur de nos vies.

Aussi surprenant que cela puisse paraître, et sans vouloir généraliser, j'ai rencontré plusieurs fois des hommes qui ont vu leurs affaires prendre un tournant très positif à partir du moment où, conjointement à leurs efforts méritoires, ils ont pris soin de confier leurs affaires au Seigneur. Il est bon de méditer sur cette parole : *« Si le Seigneur ne bâtit la maison, en vain peinent les bâtisseurs ; si le Seigneur ne garde la ville, en vain la garde veille*[51]. »

Voici le témoignage de l'un d'entre eux : « Ayant créé une entreprise en 1997, nous avons vécu une forte période de récession en septembre 2001. Le licenciement de la moitié de l'équipe n'y suffit pas. Annoncer à dix personnes : "Désolé, tu ne fais plus partie de l'équipe" fut un moment terrible, surtout pour eux. Plus personne n'y croyait, ni les actionnaires, ni mon banquier. Et je ne leur en veux pas, car la cause était perdue. Nous allions droit vers le dépôt de bilan. Voir partir cinq ans de travail en fumée, c'était vraiment trop dur. Épuisé, à bout, je me suis mis à genoux dans mon bureau et j'ai dit : "Seigneur, c'est ton entreprise, fais-en ce que tu veux, pour moi c'est trop dur, je n'en peux plus, je te passe les rênes." Et le Seigneur m'a écouté. Et Il a agi, très rapidement : dans le mois qui suivit, le fax crépitait et les commandes arrivaient : l'activité reprenait. Et depuis 2002, Son entreprise est en forte croissance, chaque année, venant récompenser notre travail. Le Seigneur est un excellent chef d'entreprise et je l'ai embauché. Merci, Seigneur. »

51. Ps 127, 1.

*« Compte sur le Seigneur et agis bien, remets ton sort au Seigneur, compte sur lui, il agira »,* nous dit par ailleurs le Psaume 37.

Mais attention : confier ses affaires au Seigneur, Lui demander de bénir le fruit de notre travail implique aussi que nous soyons prêts à partager.

> *« Apportez intégralement la dîme au trésor, pour qu'il y ait de la nourriture chez moi. Et mettez-moi ainsi à l'épreuve, dit le Seigneur Sabaot, pour voir si je n'ouvrirai pas en votre faveur la bénédiction en surabondance. En votre faveur, je tancerai le criquet pour qu'il ne vous détruise pas les fruits du sol, et que pour vous la vigne ne soit pas stérile dans la campagne, dit le Seigneur Sabaot. Toutes les nations vous déclareront heureux, car vous serez une terre de délices, dit le Seigneur Sabaot*[52]*. »*

Il faut pour cela une sacrée dose de confiance… que nous n'avons pas toujours !

Cette confiance, nous l'avons vu, consiste à croire que Dieu veut notre bonheur. Mais cela ne suffit pas encore. Il y a d'autres actes de foi à poser : il faut croire encore que le Seigneur peut, c'est-à-dire qu'Il a la capacité de ce qu'Il veut, et également qu'Il sait ce qui est bon pour nous. Faire confiance ne consiste pas à croire que Dieu va me donner ce que je veux, mais qu'Il va me donner ce qui est bon pour moi. Cela correspond d'ailleurs assez souvent à ce que je veux, puisqu'Il inspire à nos cœurs de désirer ce qu'Il veut nous donner. Saint Paul affirme que *« c'est Dieu qui fait en vous et le vouloir et le faire selon son dessein bienveillant*[53] *».* Nous sommes loin de cette peur qui habite

---

52. Ml 3, 10-12.

53. Ph 2, 13 (traduction œcuménique de la Bible (TOB)). Bible de Jérusalem : *« Dieu est là qui opère en vous à la fois le vouloir et l'opération même, au profit de ses bienveillants desseins. »*

certaines personnes qui sont persuadées que Dieu leur demandera exactement le contraire de ce qu'elles désirent. Prenons garde toutefois à ne pas prendre nos envies, parfois superficielles, pour des désirs profonds. L'expérience montre que le Seigneur, en bon pédagogue, travaille en nos cœurs et oriente nos désirs vers son plan d'amour pour nous. À condition que nous ne soyons pas obstinés et démesurément attachés à nos projets initiaux. Si donc le Seigneur semble me conduire autrement que je l'avais prévu : confiance ! Il sait ce qui est bon pour ses enfants. Il a pour chacun un dessein d'amour pour nous donner un avenir et une espérance. Répondre à l'appel de Dieu, c'est finalement entrer dans notre identité la plus profonde, s'ajuster de plus en plus en vue de correspondre à ce pour quoi je suis fait.

## *Dieu peut ce qu'Il veut*

Les chrétiens commencent ainsi leur profession de foi : « Je crois en Dieu, le Père Tout-Puissant. » Dieu est Père et Il est Tout-Puissant. Il est Tout-puissant et Il est Père. Ce n'est pas l'un ou l'autre, mais l'un et l'autre.

« De tous les attributs divins, seule la toute-puissance de Dieu est nommée dans le Symbole : la confesser est d'une grande portée pour notre vie. Nous croyons qu'elle est universelle, car Dieu, qui a tout créé, régit tout et peut tout ; aimante, car Dieu est notre Père ; mystérieuse, car seule la foi peut la discerner lorsqu'*"elle se déploie dans la faiblesse"* [54]. »

Oui, le confesser est d'une grande portée pour notre vie. J'ai souvent expérimenté que la prière du Credo était d'un grand secours lorsque nous sommes assaillis de doutes ou

54. CEC § 268.

dans d'autres difficultés. Dans les moments difficiles, les situations qui semblent bouchées… il est en effet important de nous rappeler que Dieu est Père et qu'Il est Tout-Puissant[55]. Il nous tient dans sa main, Il « maîtrise la situation », même si les évènements que nous vivons ont de quoi nous apeurer ou nous semblent vraiment déroutants. *« Tout ce qu'il veut, il le fait »,* nous dit le Psaume 115[56]. Évidemment, cette affirmation peut paraître scandaleuse lorsque nous assistons à des désastres ou des catastrophes. La question qui se pose alors à beaucoup est : *« Où est-il, ton Dieu[57] ? »* Cependant, combien d'entre nous ont été bouleversés de voir le courage avec lequel les personnes frappées par l'adversité espèrent, se relèvent et continuent leur route ? Et que dire des élans de solidarité manifestés entre les personnes lourdement éprouvées et celles qui leur viennent en aide ? Ces attitudes dépassent souvent les limites humaines. Bien des hommes et des femmes en sont eux-mêmes étonnés : « Jamais je n'aurais pensé être capable de cela… » C'est peut-être là que se manifeste la toute-puissance de Dieu ; elle qui, ainsi que saint Paul l'a expérimenté dans une situation difficile, se déploie dans la faiblesse[58].

---

55. Les Saintes Écritures confessent à maintes reprises la puissance universelle de Dieu. Il est appelé *« le Puissant de Jacob »* (Gn 49, 24 ; Is 1, 24 e.a.), *« le Seigneur des armées »*, *« le Fort, le Vaillant »* (Ps 24, 8-10). Si Dieu est Tout-Puissant *« au ciel et sur la terre »* (Ps 135, 6), c'est qu'Il les a faits. Rien ne lui est donc impossible (cf. Jr 32, 17 ; Lc 1, 37) et Il dispose à son gré de son œuvre (cf. Jr 27, 5) ; Il est le Seigneur de l'univers dont Il a établi l'ordre qui lui demeure entièrement soumis et disponible ; Il est le Maître de l'histoire : Il gouverne les cœurs et les événements selon son gré (cf. Est 4, 17 ; Pr 21, 1 ; Tb 13, 2) : *« Ta grande puissance est toujours à ton service, et qui peut résister à la force de ton bras ? »* (Sg 11, 21). CEC § 269.

56. Ps 115, 3.

57. Ps 42, 4.

58. 2 Co 12, 9 : *« Ma grâce te suffit : car la puissance se déploie dans la faiblesse. »*

Le Psaume 115 poursuit en nous invitant à la confiance :

*« Ceux qui craignent le Seigneur, ayez foi dans le Seigneur, lui, leur secours et bouclier ! Le Seigneur se souvient de nous, il bénira* [...]. *Il bénira ceux qui craignent le Seigneur, les petits avec les grands. Que le Seigneur vous fasse croître, vous et vos enfants ! Bénis soyez-vous du Seigneur qui a fait le ciel et la terre ! »*

Difficile de le croire, particulièrement pour ceux qui ont été blessés par leur propre père, ou par une personne représentant la paternité. Mais Dieu est le Père parfait, infiniment bon et miséricordieux. Dieu est le Père Tout-Puissant. Sa paternité et sa puissance s'éclairent mutuellement. En effet, Il montre sa toute-puissance paternelle par la manière dont Il prend soin de nos besoins (cf. Mt 6, 32) ; par l'adoption filiale qu'Il nous donne (*« Je serai pour vous un Père, et vous serez pour moi des fils et des filles, dit le Seigneur Tout-Puissant. »* (2 Co 6, 18)) ; enfin par sa miséricorde infinie, puisqu'Il montre sa puissance au plus haut point en pardonnant librement les péchés.

La toute-puissance divine n'est nullement arbitraire : « En Dieu, la puissance et l'essence, la volonté et l'intelligence, la sagesse et la justice sont une seule et même chose, de sorte que rien ne peut être dans la puissance divine qui ne puisse être dans la juste volonté de Dieu ou dans sa sage intelligence[59]. »

## *Dieu sait ce qui est bon pour nous*

Croire que le Seigneur sait ce qui est bon pour nous demande aussi un acte de confiance. Nous l'avons vu, il est

---

59. CEC § 270 et 271.

des dimensions de nos vies que nous préférons gérer nous-mêmes. Parfois, nous avons également de la peine à croire que Dieu puisse s'intéresser à nos vies, en dehors de l'heure qui se situe en général le dimanche matin entre la fin du petit-déjeuner et l'apéritif. Je le redis encore : Il est Père. Et quel Père ! Nous pouvons donc Lui confier toutes les dimensions de nos vies, particulièrement celles qui sont encore à venir (et pour notre passé : action de grâce pour ce qui a été bon et contrition imprégnée de foi en la Miséricorde pour ce qui ne l'a pas été).

Je vous partage à ce sujet une parole du prophète Jérémie qui a souvent été une lumière sur ma route, particulièrement dans les carrefours, c'est-à-dire dans les temps de décisions :

> *« Car je sais, moi, les desseins que je forme pour vous – oracle du Seigneur – desseins de paix et non de malheur, pour vous donner un avenir et une espérance. Vous m'invoquerez et vous viendrez, vous me prierez et je vous écouterai. Vous me chercherez et vous me trouverez, car vous me rechercherez de tout votre cœur ; je me laisserai trouver par vous*[60]. »

Amen, cela est vrai : le Seigneur a pour chacun de nous des desseins de paix et non de malheur. Il a pour nous un avenir et une espérance. Cette parole est particulièrement bouleversante, car elle s'adresse à Israël au moment d'une des plus grandes épreuves de son histoire : l'exil à Babylone. Croyons en la bonté du Seigneur quand tout va bien, et également dans nos moments d'exils, intérieurs ou extérieurs. Notre vie se construit dans cette extraordinaire collaboration avec le Seigneur. Notre part : croire et espérer. Marcher selon les commandements de Dieu. Ne pas nous lasser de faire le bien, même si nous n'en voyons pas les

---

60. Jr 29, 11-14.

fruits tout de suite. De son côté, le Seigneur travaille, et un jour, soyons-en sûrs, nous pourrons nous écrier avec David :

> *« Seigneur, sois mon secours ! Pour moi, tu as changé le deuil en une danse, tu dénouas mon sac et me ceignis d'allégresse ; aussi mon cœur te chantera sans plus se taire, Seigneur mon Dieu, je te louerai à jamais*[61]. »

Bien sûr, fondamentalement, nous demeurons libres d'obéir ou non aux commandements de Dieu, de choisir les orientations que nous voulons prendre… Mais y a-t-il meilleur usage de sa liberté que de choisir ce que le Seigneur indique pour tout homme et, finalement, pour moi ?

Ce qui prend du temps, ce qui, parfois, diffère les grandes orientations de notre vie, c'est que nous ne sommes pas disposés à Lui faire confiance, à croire qu'Il sait, Lui, les desseins qu'Il forme pour nous, pour nous donner un avenir et une espérance.

Cet acte de foi et de confiance nous invite à « signer un chèque en blanc » au Seigneur. C'est-à-dire à accepter par avance, parce que nous nous savons aimés de Lui et que nous l'aimons, parce que nous avons confiance en Lui, ce qu'Il nous proposera, même si ce n'est pas ce que nous aurions spontanément choisi.

Françoise, mon épouse, a eu la grâce de vivre cette expérience. Voici son témoignage :

« Une parole du Psaume 37 m'accompagne depuis des années : *"Mets ta réjouissance dans le Seigneur et Il t'accordera plus que les désirs de ton cœur."* Alors que je vivais une année sabbatique à la communauté du Verbe de Vie et étais à un tournant de ma vie, ce passage du psaume m'interpellait : le Seigneur est-Il vraiment capable de me donner plus que

61. Ps 30, 11-13.

les désirs de mon cœur ? Il fallait qu'Il "fasse fort" car j'avais une grande soif de bonheur : me marier, avoir des enfants, une maison… Un jour, pendant l'adoration du Saint-Sacrement, me vint une pensée : "Et si Dieu me voulait religieuse ?" Je n'y avais jamais pensé, aïe, aïe, aïe… J'avais une haute idée de cette vocation, mais elle ne correspondait pas à ce que je portais en moi depuis longtemps. Je me suis alors dit que, comme Dieu ne peut ni se tromper ni nous tromper, Il sera en mesure de me rendre plus heureuse en étant religieuse que s'Il réalisait mes désirs à moi. Je me suis alors rendue disponible à l'éventualité de cet appel du Seigneur.

J'étais dans cette disposition de confiance et d'abandon lorsque, dans les jours qui ont suivi ce "oui" de disponibilité, Bertrand et moi nous nous sommes comme reconnus, rapprochés. Quand nous parlions ensemble et que nous "refaisions le monde", nous nous sentions très proches, nos cœurs étaient ardents l'un pour l'autre. Bertrand était aussi habité par un désir de mariage. Après quelque temps de discernement et de fréquentation, nous avons décidé de nous marier. »

Dans sa pédagogie, le Seigneur a voulu entraîner Françoise dans un acte de confiance et d'abandon. Avant d'exaucer le désir de son cœur, Il s'est comme « assuré » que ce qu'elle désirait le plus était de faire la volonté de Dieu. Aux dernières nouvelles, elle n'a pas été déçue…

Suivons le conseil que Dieu nous donne dans sa Parole :

*« Compte sur le Seigneur et agis bien,*
*habite la terre et vis tranquille,*
*mets dans le Seigneur ta réjouissance :*
*Il t'accordera plus que les désirs de ton cœur.*

*Remets ton sort au Seigneur,*
*compte sur lui, il agira ;*

*Il produira ta justice comme le jour,*
*comme le midi ton droit.*

*Sois calme devant le Seigneur et attends-le*[62]. »

Bon, assez disserté sur le bonheur. D'ailleurs, le bonheur est plus à vivre, à expérimenter, qu'à expliquer. Il était cependant important de méditer sur cette question si essentielle pour chacun de nous. À l'issue de cette première partie, nous pouvons nous rappeler ceci : nous sommes faits, créés par Dieu, pour le bonheur. Croire en cette vérité nous permet de nous confier à Dieu pour la conduite de notre vie. Les grands principes de notre existence sont clairement exprimés dans la Parole de Dieu que nous sommes invités à méditer quotidiennement et à mettre en pratique.

Je laisse à saint Jacques le soin de conclure par une exhortation très claire :

> « *Mettez la Parole en pratique. Ne soyez pas seulement des auditeurs qui s'abusent eux-mêmes !* [...] *Celui, au contraire, qui se penche sur la Loi parfaite de liberté et s'y tient attaché, non pas en auditeur oublieux, mais pour la mettre activement en pratique, celui-là trouve son bonheur en la pratiquant*[63]. »

À l'issue de ce chapitre, je propose au lecteur de prendre le temps de s'adresser à Dieu pour Lui redire sa confiance : « Seigneur, viens inscrire dans mon cœur la certitude que tu me veux heureux, que tu as un plan d'amour pour ma vie, viens y placer les désirs profonds de ce que tu veux pour moi, de ce que tu attends de moi. Je te fais confiance. » Entrer dans cette disposition intérieure nous établit petit à petit dans une liberté et une disponibilité pour entendre l'appel du Seigneur résonner dans nos vies.

---

62. Ps 37, 3-7.
63. Jc 1, 22-25.

## Chapitre deuxième

# *Le discernement*

## *Définition*

Après cette méditation sur le bonheur – et nous n'étions pas hors sujet, puisque finalement, c'est en vue du vrai bonheur que nous discernons –, il nous faut entrer dans le vif du sujet.

Qu'est-ce que le discernement[1] ?

Le verbe *diakrinein* – en grec – donne en latin *discernere*, ce qui se traduit en français par séparer, distinguer, choisir. C'est la capacité de distinguer les choses et de faire des choix. Nous sommes là en plein cœur de la thématique de ce livre. On retrouve ce mot explicitement dans la première épître aux Corinthiens lorsque saint Paul parle des différents charismes et évoque, parmi tant d'autres, le « discernement des esprits[2] ». Pour mieux saisir, imaginons une femme ou un homme avec son tamis. Dans les films du genre « western », nous avons tous vu des chercheurs d'or

1. Cf. John Caroll Futrell SJ, *Le discernement spirituel*, Cerf ; Philippe Madre, *Discernement des esprits*, Pneumatèque ; Fr. Albert-Marie de Montléon, *Charismes et ministères,* Desclée de Brouwer.

2. 1 Co 12, 10.

prendre de la terre aurifère dans la rivière, la jeter dans un tamis, secouer le tamis, pour permettre au sable, sans valeur, d'être rejeté et aux petites pépites d'or, précieuses, de rester. Cette image est très parlante. En effet, il y a un tri à opérer dans nos vies au niveau de nos pensées, des propositions qui nous sont faites par des personnes ou par les évènements de la vie… Discerner, c'est cela : tout vérifier, retenir ce qui est bon, et nous garder de toute espèce de mal[3]. Filtrer les mouvements intérieurs que l'on éprouve pour reconnaître d'où viennent les diverses inspirations.

L'autre terme à même de nous éclairer est le verbe grec *dokimazein* qui signifie soupeser, mettre à l'épreuve, examiner, estimer, reconnaître comme véritable après examen. Pour comprendre, on peut imaginer un homme qui soupèse un objet pour en estimer la valeur. Une autre image intéressante est celle du changeur qui va examiner une pièce de monnaie pour voir si elle est vraie ou fausse. Ainsi, dans le domaine spirituel, le discernement est la mise à l'épreuve et la vérification d'un acte, d'une pensée, d'un mouvement intérieur… pour voir si cela est conforme à Dieu et à l'Évangile.

John Caroll Futrell nous donne une définition globale du discernement spirituel :

> « Dans la tradition chrétienne, le discernement spirituel est le choix de la lumière du Christ en face de la voie obscure du démon, et la mise en œuvre, dans la vie, des conséquences de ce choix, par la recherche des décisions et des actions précises que requiert la volonté de suivre le Christ ici et maintenant[4]. »

---

3. Cf. 1 Th 5, 21-22.
4. Œuvre citée, p. 11.

Par l'apprentissage du discernement, nous acquerrons une aptitude à distinguer le bien du mal, la vérité du mensonge et aussi la capacité de choisir.

Entrer dans cette démarche est de la plus haute importance, peut-être particulièrement dans une époque où les repères qui ont guidé des générations entières sont battus en brèche ou considérés comme complètement dépassés.

## *On a perdu le nord…*

Huit siècles avant Jésus-Christ, Amos prophétisait ainsi :

*« Voici venir des jours – oracle du Seigneur – où j'enverrai la faim dans le pays, non pas une faim de pain, non pas une soif d'eau, mais d'entendre la Parole de Dieu. On ira titubant d'une mer à l'autre mer, du nord au levant, on errera pour chercher la Parole de Dieu et on ne la trouvera pas ! »*

Le prophète continue en disant : *« En ce jour-là s'étioleront de soif les belles jeunes filles et les jeunes gens* [5]*. »* Bouleversant d'actualité, n'est-ce pas ?

Bien sûr, cette parole s'est déjà accomplie. Le ministère d'Amos se déroule sous le règne de Jéroboam II (783-743). De manière assez vigoureuse, il dénonce les égarements d'Israël, trahissant le vrai Dieu par des alliances politiques souvent impies, et trop confiant en ses propres forces.

En ce temps-là, tout comme aujourd'hui, on n'appréciait pas trop les hommes de Dieu qui dérangeaient, empêchant de tourner en rond et de se complaire dans une religiosité de surface. Ces prophètes dénonçaient l'éloignement du Seigneur et appelaient, de manière parfois assez vigoureuse, à la conversion et au repentir. Généralement, ces annonces

---

5. Am 8, 11-13.

étaient accompagnées d'une menace de châtiment compris non pas tant comme une punition, mais comme une nécessaire purification et comme une conséquence de l'éloignement de Dieu. De fait, même si ces annonces étaient terribles, elles étaient toujours conditionnelles : si le peuple revient à Dieu, Dieu renonce au châtiment[6]. Du reste, si le Seigneur permet que les superbes soient dispersés et les puissants renversés de leur trône, c'est toujours en vue d'un bien plus grand. C'est pourquoi les annonces de malheur se terminent par des annonces de restauration et de bonheur. Cette restauration sera définitivement acquise par notre Seigneur Jésus.

Il n'en demeure pas moins que du temps du ministère d'Amos (tout comme aujourd'hui d'ailleurs), la plupart des gens n'aimaient pas du tout entendre les paroles exigeantes et les appels à la conversion. Ainsi, puisque le peuple était fatigué d'entendre le Seigneur, Dieu, las de parler sans être écouté, va se taire. Il y eut un long temps sans prophètes.

Mais la Parole du Seigneur demeure éternellement. Ainsi, lorsque je lis : *« On ira titubant d'une mer à l'autre mer, du nord au levant, on errera pour chercher la Parole de Dieu et on ne la trouvera pas ! »*, j'estime que ça ressemble étrangement à la situation actuelle. Combien d'hommes et de

---

6. Cf. le prophète Jonas, appelé par Dieu à annoncer la destruction de Ninive, la grande ville, en conséquence de sa méchanceté. Jonas cherche à fuir le Seigneur pour ne pas avoir à accomplir cette mission difficile. Le Seigneur le « repêche » et l'envoie à Ninive. Jonas prophétise : *« Encore 40 jours et Ninive sera détruite. »* Sous l'impulsion du roi, les Ninivites se convertissent et font pénitence. Et… *« Dieu vit qu'ils agissaient ainsi et qu'ils revenaient de leur mauvaise voie. Alors Dieu se repentit du mal qu'Il avait résolu de leur faire, et Il ne le fit pas. Cela déplut fort à Jonas, et il fut irrité… : "Je savais que tu es un Dieu compatissant et miséricordieux, lent à la colère et riche en bonté, et qui te repens du mal." »* (Jon 4, 2) Prions pour qu'aujourd'hui aussi des prophètes se lèvent, et que le peuple soit aussi réceptif que les Ninivites.

femmes, nos contemporains, nos frères et sœurs en humanité, ne connaissent plus la finalité de la vie, ne savent plus quel est le sens profond des choses, ne savent ni d'où ils viennent ni où ils vont, ignorant même qu'ils ont un Père qui les aime, qu'il y a un Ciel et qu'ils sont immortels… Ils seraient parfois prêts à aller jusqu'au bout du monde pour trouver un peu de sens. On erre et on titube ! On bascule, on chancelle, on tombe, on meurt même parfois, car on ne sait plus comment diriger sa vie. Et nos contemporains, de plus en plus nombreux, cherchent… Dans nos librairies et nos supermarchés, le rayon du spirituel gonfle de semestre en semestre. Cela fait le profit de tant de marchands de mensonges et d'illusions, plus intéressés par la hauteur de leur compte en banque que par la profondeur de votre âme. On erre et on titube… Nous assistons dans notre Occident, pourtant façonné par le christianisme, à une nouvelle actualisation de la prophétie d'Amos : *« Voici venir des jours – oracle du Seigneur – où j'enverrai la faim dans le pays, non pas une faim de pain, non pas une soif d'eau, mais d'entendre la Parole de Dieu. »* Dommage, notre monde, avec toutes les avancées dans tant de domaines, pourrait être tellement beau si… il remettait Jésus au cœur de ses préoccupations et l'Église au milieu du village. Comme ce n'est pas encore le cas, il nous faut des repères sûrs pour garder le cap dans cet immense bazar. Et ces repères, on les découvre et on les acquiert par le discernement

## *La voie royale*

Un texte de l'Ancien Testament, que nous trouvons au chapitre 20 du livre des Nombres, nous exprime bien ce que le discernement peut être sur le chemin de nos vies. Moïse, à la tête de son peuple, souhaite traverser le pays d'Édam. Il s'adresse pour cela au roi de cette contrée : *« Nous voulons, s'il t'agrée, traverser ton pays. Nous n'irons pas à travers les champs ni les vignes ; nous ne boirons pas l'eau des puits ; nous suivrons la route royale sans nous écarter à droite ou à gauche, jusqu'à ce que nous ayons traversé ton territoire*[7]. »

On pourrait comparer ce territoire à traverser au déroulement de notre vie, depuis sa conception jusqu'à l'heure de notre mort, de notre entrée dans la Vie. Il existe plusieurs voies pour cela. Souvent, certes, la vie, les évènements ou d'autres personnes décident pour nous, et cependant, chaque homme ou femme a une « marge de manœuvre », des décisions à prendre, des choix à poser pour cette grande traversée. Au milieu de tout ça, il existe comme une « route royale », un chemin meilleur pour chacun de nous : celui qu'a prévu pour nous le Seigneur, qui sait ce qui est bon. Le but ultime de ce parcours, c'est le Ciel. Notre boussole, c'est la Parole de Dieu et l'enseignement de l'Église. Notre plan de route nous est dévoilé au fur et à mesure par l'exercice du discernement.

Le roi d'Édam refuse le passage à Israël. Le Seigneur, Lui, ne refuse pas cette voie royale à ceux qui veulent faire sa volonté et vivre en son Amour.

Prions avec l'oraison du quinzième dimanche du temps ordinaire :

> « Dieu, qui montres aux égarés la lumière de ta vérité pour qu'ils puissent reprendre le bon chemin, donne à tous ceux qui se déclarent chrétiens de rejeter ce qui est indigne de ce nom, et de rechercher ce qui lui fait honneur, par Jésus le Christ notre Seigneur qui vit et règne avec toi, Père, dans l'unité du Saint-Esprit, maintenant et dans les siècles des siècles. Amen. »

---

7. Nb 20, 17.

## *Discerner quoi ?*

Il y a plusieurs niveaux de discernement dans notre vie chrétienne.

En premier lieu, le discernement de tout baptisé désirant vivre selon Dieu, c'est-à-dire ayant tout simplement l'intention de mener une vie chrétienne authentique, que ce soit dans le domaine de la prière, des sacrements, des engagements, de la vie de famille, de la vie professionnelle… Dans notre vie quotidienne, nous sommes amenés souvent à choisir ou à décider. Il est bon de pouvoir le faire selon le cœur de Dieu, afin de marcher sur le chemin qui conduit à la vie. Nous entendons ici résonner l'appel de saint Paul, qui n'a rien perdu de son actualité :

> *« Ne vous modelez pas sur le monde présent, mais que le renouvellement de votre jugement vous transforme et vous fasse discerner quelle est la volonté de Dieu, ce qui est bon, ce qui lui plaît, ce qui est parfait*[8]. »

En toutes circonstances, on peut dire : « Seigneur que veux-tu que je fasse ? » Dans l'épître aux Éphésiens, saint Paul nous y invite avec des mots éloquents :

> *« Discernez ce qui plaît au Seigneur, et ne prenez aucune part aux œuvres stériles des ténèbres*[9]. »

Ce discernement nous est donné par l'Esprit Saint, qui est Esprit de sagesse, d'intelligence, de conseil[10], mais il croît aussi à la mesure de notre vie en Christ, de notre charité. Saint Paul intercédait pour cela en faveur des chrétiens de Philippes :

8. Rm 12, 2.
9. Ep 5, 10-11.
10. Is 11, 2.

*« Et voici ma prière : que votre charité croissant toujours de plus en plus s'épanche en cette vraie science et ce tact affiné qui vous donneront de discerner le meilleur et de vous rendre purs et sans reproche pour le Jour du Christ dans la pleine maturité de ce fruit de justice que nous portons par Jésus-Christ, pour la gloire et louange de Dieu*[11]*. »*

Nous pouvons demander au grand apôtre de prier pour que nous aussi, nous recevions cette vraie science et ce tact affiné si désirables et nécessaires pour la conduite de notre vie et de ceux vers qui nous sommes envoyés.

Ainsi, dans les circonstances ordinaires, chaque croyant (je parle ici de ceux qui ont une vie de prière et sacramentelle régulière, et qui se nourrissent de la Parole de Dieu) dispose des « outils » que sont les dons du Saint-Esprit, et du secours de la grâce lui permettant de découvrir ce qui est le meilleur, le plus ajusté à la volonté de Dieu pour pouvoir décider et agir en fils de Dieu. Il va de soi que ce constat ne dispense pas de l'accompagnement spirituel. *« Soyez soumis les uns aux autres dans la crainte du Christ*[12] *»,* nous dira saint Paul.

Il y a aussi parfois des discernements à opérer sur des sujets très importants, j'entends par là sur des décisions qui engagent de manière décisive la suite de notre existence. On pourrait ici parler de choix vocationnels.

On est amené aussi, de temps en temps, à d'autres choix importants, même si la portée de leurs conséquences n'égale pas celle des cas évoqués ci-dessus.

Enfin, cette capacité à discerner peut être d'un grand secours pour d'autres que nous-mêmes. Demandons au Sei-

---

11. Ph 1, 9-11.
12. Ep 5, 21.

gneur la grâce de devenir femme ou homme de bon conseil, et travaillons-y.

## 1. Différents types de discernement

### *Les deux types de discernement*

Pour approfondir notre réflexion, sachons qu'il existe plusieurs chemins de discernement. Dans ce chapitre, nous allons en aborder deux. Certains parlent de discernement acquis et de discernement inspiré. Avec d'autres, j'utiliserai la terminologie de « discernement expérientiel » et de « discernement charismatique ». Je commencerai par présenter le discernement charismatique, puis, plus brièvement, le discernement expérientiel.

Lorsque saint Paul énumère les différents dons qui sont donnés aux chrétiens au service de l'Église, il parle de celui du discernement des esprits.

> *« À l'un, c'est un discours de sagesse qui est donné par l'Esprit ; à tel autre un discours de science, selon le même Esprit ; à un autre la foi, dans le même Esprit ; à tel autre les dons de guérisons, dans l'unique Esprit ; à tel autre la puissance d'opérer des miracles ; à tel autre la prophétie ; à tel autre le discernement des esprits...* [13] »

Le discernement charismatique est le don de déterminer l'origine – Dieu, la nature ou le malin – de tel ou tel phénomène. Paul, dans cette même épître aux Corinthiens, nous rappelle l'origine de ce don : nous avons reçu l'Esprit qui

---

13. 1 Co 12, 8-10.

vient de Dieu, pour connaître les dons gracieux que Dieu nous a faits[14].

Le discernement charismatique se subdivise en deux formes : le discernement charismatique ordinaire et le discernement charismatique extraordinaire[15]. Il est à noter qu'entre ces deux formes, la frontière n'est pas clairement délimitée.

## *Le discernement charismatique ordinaire ou « sens surnaturel de la foi »*

Le discernement charismatique ordinaire est une sorte de « sens spirituel » que tout chrétien pratiquant et docile à l'Esprit possède. Ce sens spirituel nous est donné par Dieu au baptême. Il croît ou s'étiole selon notre degré d'amitié avec Dieu. Ce don permet comme par intuition, par certitude intérieure et non pas par raisonnement, de discerner ce qui provient du Seigneur de ce qui lui est étranger ou hostile.

À certains moments, on est comme averti, on se dit : « Non, ça, ce n'est pas net ! »

Par exemple, en lisant tel ouvrage pourtant présenté comme chrétien, ou lors de l'audition de telle conférence, on perçoit que ce qui est écrit ou énoncé ne correspond pas vraiment à la foi de l'Église. Dans ces circonstances, on ne sait pas toujours expliquer précisément la teneur exacte des erreurs, mais on pressent, parfois averti par une sorte de trouble intérieur, qu'il y a une erreur. Pour prendre une analogie, on pourrait comparer ce don, en « version spirituelle »,

---

14. Cf. 1 Co 2, 12.

15. Cf. Père Philippe, o.s.b., *Afin que vous portiez beaucoup de fruits II*, Pneumathèque, p. 163.

à un amateur de tableaux qui, au premier coup d'œil, saura si l'œuvre qui lui est présentée est un vrai ou un faux.

Il se trouve des familiers de Dieu, qui commencent la lecture d'un livre et ne le continuent pas, pourquoi ? Parfois par paresse ou manque d'intérêt, certainement, mais d'autres fois aussi parce qu'ils perçoivent quelque chose qui n'a rien d'édifiant ou même qui est néfaste dans leur lecture. Ils ne pourront pas vous expliquer de manière précise ce qui, théologiquement, ne va pas, mais on pourrait dire qu'ils n'y reconnaissent pas « l'esprit de famille ». Et souvent, ils ont raison.

Comme tout don, ce don doit s'affiner. Dans le doute, il est bon, plutôt que d'« anathématiser » ou de « canoniser » trop vite, de prendre conseil ou de chercher une confirmation auprès de personnes compétentes.

Il va de soi que ce discernement charismatique ordinaire aide également à reconnaître ce qui est bon.

Je me souviens par exemple d'une dame d'un certain âge qui fut témoin de la venue d'une communauté nouvelle pour une fondation dans son village. Cette personne, pratiquante et fervente, ne connaissait probablement rien au Renouveau charismatique. Savait-elle seulement que ce courant spirituel existait ? Je ne le pense pas. La voilà qui arrive à l'église lors d'un office de prière. Pour elle qui avait connu la liturgie préconciliaire, c'était déjà déconcertant de se retrouver au milieu de frères et sœurs de tous états de vie, équipés de sandales estampillées « Lion de Juda », et, pour certains d'entre eux, d'une barbe de longueur « patriarcale ». Lorsqu'en plus ils se mirent à chanter en langues et à prier de manière spontanée en élevant les mains, elle aurait pu se dire : « Je tombe où, moi ? C'est quoi cette secte ? » ! Et bien non, elle a tout de suite perçu que c'était authentique, que le Seigneur était là, habitant la louange de son peuple rassemblé. Sans le savoir, sans avoir lu les documents du magistère sur les mouvements ecclésiaux et les communautés nouvelles, elle exerçait le discernement charismatique. Elle a perçu dans son cœur, d'une manière certaine, que c'était bon, qu'elle pouvait se joindre à cette assemblée en toute sécurité. Ce qu'elle ne manqua pas de faire par la suite, pour son plus grand profit, et pour la plus grande joie de la petite communauté rassemblée.

Ce don s'apparente à ce que le *Catéchisme* appelle le « sens surnaturel de la foi » :

> « Le Peuple saint de Dieu participe aussi à la fonction prophétique du Christ. Il l'est surtout par le sens surnaturel de la foi qui est celui du Peuple tout entier, laïcs et hiérarchie, lorsqu'il "s'attache indéfectiblement à la foi transmise aux saints une fois pour toutes" et en approfondit l'intelligence et devient témoin du Christ au milieu de ce monde. »

Et plus loin… :

> « Pour maintenir l'Église dans la pureté de la foi transmise par les apôtres, le Christ a voulu conférer à son Église une participation à sa propre infaillibilité, lui qui est la Vérité. Par le "sens surnaturel de la foi", le Peuple de Dieu "s'attache indéfectiblement à la foi", sous la conduite du Magistère vivant de l'Église [16]. »

De fait, tous les baptisés ont reçu l'onction de l'Esprit Saint qui les instruit et les conduit vers la vérité tout entière. Ce sens spirituel n'est donc pas d'abord fondé sur des connaissances théologiques ou catéchétiques, même s'il est évident que nous avons tout intérêt à nous former dans ces matières. Des personnes toutes simples et parfois même peu

16. CEC § 785 et 889, voir aussi § 91 ; 92 ; 93.

instruites peuvent exercer ce don, à condition qu'elles vivent une authentique relation à Dieu, imprégnée par une profonde vie de prière.

Ce don spirituel est particulièrement important à notre époque de grande confusion, engendrée notamment par une profusion de publications ambiguës souvent séduisantes parce que parfois bien écrites, bien présentées. Certaines de ces œuvres connaissent même une adaptation cinématographique et sont promues à grand renfort de tapage médiatique. Une foule de baptisés se laisse « embarquer » par ces mensonges d'autant plus redoutables qu'ils nous sont parfois présentés comme l'aboutissement d'importants travaux du style : « Les dernières découvertes ont montré que… » Autrement dit : « Jusqu'à maintenant, l'Église a voulu vous cacher la vérité pour mieux vous asservir, mais heureusement, nous arrivons pour vous éclairer… » Saint Paul nous avait pourtant prévenus : *« Car un temps viendra où les hommes ne supporteront plus la saine doctrine, mais au contraire, au gré de leur passion et l'oreille les démangeant, ils se donneront des maîtres en quantité et détourneront l'oreille de la vérité pour se tourner vers les fables. »* C'est précis ! Il termine en disant : *« Pour toi, sois prudent en tout* [17]*! »* À chaque fois, des théologiens ou des biblistes avertis publient alors un « contre feu » qui démontre de manière irréfutable le côté fallacieux de ces publications grand public. Mais souvent, le mal est fait, le venin du doute a déjà commis son travail de sape dans les cœurs de bien des baptisés. Le discernement charismatique permettrait aux chrétiens avertis de ne pas se laisser avoir !

---

17. 2 Tm 4, 3-5.

## *Le discernement charismatique extraordinaire*

Apparenté au don de prophétie, le discernement charismatique extraordinaire est un don spirituel qui permet au croyant illuminé par l'Esprit Saint d'exprimer un jugement fiable et certain, sur des choses qui sont trop profondes pour que l'intelligence humaine puisse les définir[18].

Philippe Madre nous précise que le jeu normal de l'intelligence n'est pas pour autant « mis en veilleuse », mais celle-ci est éclairée sur le moment, de manière spéciale et édifiante, pour le bien d'autrui ou de soi-même.

Seul Jésus possède ce don de façon éminente. D'un seul regard, Jésus connaît toute la vie de Zachée, de la Samaritaine, de Nathanaël. *« Quand tu étais sous le figuier, je t'ai vu*[19]. *»*

Pourtant, à un degré moindre, ce charisme est donné à certains pour aider les enfants de Dieu à orienter leur vie, révéler des blessures ou des choses cachées, faire la vérité dans des situations compliquées… On en trouve quelques exemples dans les Actes des apôtres, dans l'histoire d'Ananie et Saphire, d'Elymas le magicien[20]… Mais aussi dans la vie des saints, tels Catherine de Sienne, le Curé d'Ars, Padre Pio, et bien d'autres encore.

En 1995, le pape Jean-Paul II a béatifié Marguerite Bays, qui a vécu au XIX<sup>e</sup> siècle tout près de Fribourg, en Suisse. Elle fut une femme toute simple, célibataire, dans le monde, affiliée à un tiers ordre… Un prêtre dit d'elle un jour : « C'est de la sainteté en tablier de cuisine ! » Couturière, elle aidait aussi à la ferme de sa famille et aimait donner le catéchisme.

---

18. Cf. Giuseppe Bentevigna, *Effusion du Saint-Esprit et dons charismatiques,* Pneumathèque, p. 153.
19. Jn 1, 48.
20. Ac 5, 1 ; 13, 8.

Marguerite avait une sagesse inouïe, si bien que même des grands de ce monde venaient la trouver pour lui demander conseil. Discernement charismatique extraordinaire !

Marthe Robin exerçait elle aussi ce charisme. Un homme me partageait un jour le témoignage suivant : « Jeune homme, j'avais entrepris des études de médecine. La perspective de devenir médecin et de fonder un foyer m'attirait. Toutefois, j'étais troublé intérieurement, me croyant appelé au sacerdoce. Ayant entendu parler de Marthe Robin, je suis allé la trouver, pensant qu'elle serait de bon conseil pour m'aider à prendre une bonne décision et à faire ainsi la volonté du Seigneur. Arrivé dans la chambre de Marthe, elle m'accueille en me demandant presque aussitôt : “Que faites-vous dans la vie ?” “Je fais des études de médecine.” Elle me répond : “C'est bien, continuez ! Vous ferez beaucoup de bien dans cette profession.” Immédiatement, j'ai connu une grande paix intérieure et n'ai plus eu de doutes quant à ma vocation et à la volonté du Seigneur. » C'est tout. C'est clair. C'est simple. Il y a des paroles qui éclairent, qui libèrent, qui semblent venir de plus haut. La paix du cœur qui s'en suit est d'ailleurs un signe qui vient attester ce qui a été entendu.

Il peut être opportun parfois, lorsque l'on ne voit plus très clair, même dans un cheminement sérieux de discernement, d'aller voir un homme ou une femme de Dieu, reconnus pour ce type de charisme. Mais attention, cette réputation ne se fait pas à coups de carte de visite et de propagande, mais à partir de fruits spirituels évidents.

Ce charisme doit être distingué des réactions purement sensibles de l'homme psychique. Il ne s'agit pas non plus d'un sens psychologique particulièrement aiguisé. C'est autre chose, c'est au-delà.

L'Esprit agit parfois par des paroles toutes simples, elles peuvent nous être données presque à l'insu de celui ou de celle qui les prononce. Dans un échange spirituel, voilà qu'une phrase, un mot, vient éclairer tout un cheminement. Marthe Robin ne savait peut-être pas en disant : « C'est bien, continuez » que cet homme était, par ces simples mots, orienté dans sa vie et délivré de ses fausses suppositions. Ces paroles étaient de Marthe, mais elles venaient aussi de plus haut.

Dans son livre[21], le père Bernard Peyrous, postulateur de la cause de béatification de Marthe, nous décrit de manière éclairante ce don. Nous présentant l'attitude de Marthe vis-à-vis des personnes qui venaient la trouver pour lui présenter un souci ou une question, il précise : « Habituellement, elle avait une solution... Il y avait toujours une chose à laquelle on n'avait pas pensé, une chose simple. Le nœud, s'il y en avait, était dénoué souvent de la manière la plus douce, la plus facile. »

Ce type de charisme peut être très profitable, lorsqu'on a des responsabilités pastorales ou pour secourir des personnes qui sont parfois désorientées, désemparées.

Cependant, il n'est probablement pas inutile de rappeler ici l'enseignement de Paul au sujet des dons et des charismes. À la fin du chapitre 12 de l'épître aux Corinthiens lorsqu'il en parle, il nous indique une voie qui les dépasse toutes : la charité. Aspirons donc aux dons spirituels, et travaillons à la charité.

---

21. *Vie de Marthe Robin*, Éditions de l'Emmanuel/Éditions Foyer de Charité, p. 256.

### *Le discernement expérientiel*

Après avoir saisi l'importance du discernement charismatique, nous allons voir combien il est appréciable de pouvoir compter également sur le discernement expérientiel.

Cette disposition est le fruit d'une expérience solide et équilibrée. Il procède d'une maturité religieuse et d'un enracinement dans la vie de prière et la vie sacramentelle. Saint Bernard nous dit que lui seul pourrait nous guider sûrement, si le témoignage du Saint-Esprit était clair en toutes circonstances. Cette capacité à discerner doit grandir en chaque personne marchant à la suite du Christ. On la trouve de manière éminente chez des personnes qui, depuis de longues années, s'appliquent à fréquenter le Seigneur, telles des moines ou des moniales, des prêtres ou même des laïcs. Elle s'apparente à une certaine sagesse, et, comme pour le sens surnaturel de la foi, s'affine dans la mesure de notre proximité avec le Seigneur et de notre expérience des voies spirituelles et du cœur humain.

## 2. Les divers esprits

### *On n'est pas tout seul*

Nous l'avons vu, le discernement des esprits est le passage au crible des expériences intérieures en vue de vérifier leur origine et leur provenance. Il s'agit de filtrer les mouvements intérieurs que l'on éprouve pour reconnaître d'où viennent les diverses inspirations.

Saint Bernard dans un de ses sermons[22] nous invite à considérer les différents esprits : « Comme il y a divers genres d'esprits, il est nécessaire que nous sachions les discerner. »

Il nous indique que, dans les Écritures, on parle de différents esprits susceptibles de solliciter l'homme. Il y a, bien sûr, l'Esprit du Seigneur : *« J'écouterai, dit le Prophète, non pas ce que je dirai, mais ce que le Seigneur dira en moi. »* (Ps 84, 8) Ou son ange : *« Un autre Prophète, ajoute l'ange qui parlait en moi. »* (Za 1, 9) Saint Bernard nous rapporte aussi que, toujours selon les Écritures, il y a en nous des suggestions des mauvais anges. Il nous donne alors pour exemple la manière dont le serpent a séduit Ève et nous rappelle l'avertissement de Paul : *« Car ce n'est pas contre des adversaires de sang et de chair que nous avons à lutter, mais contre les Principautés, contre les Puissances, contre les Régisseurs de ce monde de ténèbres, contre les esprits du mal qui habitent les espaces célestes[23]. »*

Puis il parle des deux « ministres » du prince des ténèbres : l'esprit de la chair qui parle de mollesse et l'esprit du monde qui incline à la vanité. Il mentionne même un esprit de malice qui pousse aux choses amères. Pas aisé de s'y retrouver ! Et pourtant, le saint docteur nous indique qu'on peut les reconnaître à leurs discours. C'est ce que nous tenterons de faire un peu plus tard.

Il avertira par ailleurs : « Peu importe qui nous parle, si on nous tient un langage pernicieux. C'est votre ennemi, résistez énergiquement. »

Saint Bernard termine par une vibrante invitation : « Aussi, vous prié-je, mes bien-aimés, vous qui n'avez pas

---

22. St Bernard, *Sermons divers* - vingt-troisième sermon : « Du discernement des esprits ».

23. Ep 6, 12.

oublié le Seigneur [...], écoutez constamment le langage du Seigneur Dieu, au-dedans de vous, car ce ne peut être qu'un langage de paix. Heureuse donc et bien heureuse l'âme qui entend le murmure de la voix de Dieu dans le silence, et qui répète, suivant le mot de Samuel : *"Parlez, Seigneur, car votre serviteur écoute."* (1 S 3, 9) »

## *Le visible et l'invisible*

Il existe donc, et c'est une évidence, un monde visible[24]. Ce monde visible dans toute sa richesse, sa diversité et son ordre a été créé par Dieu[25]. Vous, qui lisez, et moi qui ai écrit, en faisons partie. « La personne humaine, créée à l'image de Dieu, est un être à la fois corporel et spirituel. »

Il existe aussi, et cela est moins évident, un monde invisible, qui n'est pas moins réel que le monde visible. À notre époque, marquée par la pensée rationaliste, on a plus de peine à le croire, ou, si on le croit, à le concevoir. On ne considère comme réel que ce qui est visible et palpable. Saint Paul, dans une situation de grande épreuve, écrit aux chrétiens de Corinthe pour leur transmettre l'origine de sa persévérance et de son espérance : *« Car la légère tribulation d'un instant nous prépare, jusqu'à l'excès, une masse éternelle de gloire, à nous qui ne regardons pas aux choses visibles, mais aux invisibles ; les choses visibles en effet n'ont qu'un temps, les invisibles sont éternelles*[26]. *»* Étonnant paradoxe : il voit ce qui ne se voit pas. Sa force trouve sa source dans la foi en un monde invisible, meilleur que le présent et éternel. La Bible nous rapporte que Moïse jouis-

---

24. Cf. CEC § 337.
25. Cf. CEC § 362 et suivants.
26. 2 Co 4, 17-18.

sait lui aussi de cette étonnante capacité : dans son terrible combat contre Pharaon, *« il tint ferme, comme s'il voyait l'invisible ».* Lui aussi semble voir ce qui ne se voit pas. Quel est donc son secret ? Encore la foi[27] !

Il semble de bon ton de n'accorder crédit qu'à ce qui se voit (aujourd'hui la tendance s'inverse parfois, jusqu'à faire preuve d'une crédulité naïve). Beaucoup d'ailleurs se réclament de l'attitude de saint Thomas pour justifier leur manque de foi. Ils oublient ce que le Seigneur lui a dit, après son magnifique acte de foi : *« Parce que tu me vois, tu crois. Heureux ceux qui n'ont pas vu et qui ont cru*[28]. *»*

Demandons la grâce au Seigneur, à la suite de Moïse, de Paul et de tant d'autres, de pouvoir croire sans voir, simplement parce que nous faisons confiance à Dieu, à sa Révélation et aux Vérités de foi que nous enseigne l'Église.

## *Les bons et les mauvais anges*

Dans ce monde invisible, notre foi nous pousse à affirmer clairement l'existence d'êtres spirituels, non corporels. Accueillons cette vérité par la clarté du *Catéchisme* :

> « L'existence des êtres spirituels, non-corporels, que l'Écriture sainte nomme habituellement anges, est une vérité de foi. Le témoignage de l'Écriture est aussi net que l'unanimité de la Tradition[29]. »

Les anges. Et qui sont-ils donc ? Saint Augustin dit à leur sujet :

> « De tout leur être, les anges sont serviteurs et messagers de

---

27. Cf. He 11, 27 : *« Par la foi, il quitta l'Égypte sans craindre la fureur du roi : comme s'il voyait l'Invisible, il tint ferme. »*
28. Jn 20, 29.
29. CEC § 328.

Dieu. Parce qu'ils contemplent "*constamment la face de mon Père qui est aux cieux"* (Mt 18, 10), ils sont *"les ouvriers de sa Parole, attentifs au son de sa Parole"* (Ps 103, 20).
En tant que créatures purement spirituelles, ils ont intelligence et volonté : ils sont des créatures personnelles et immortelles. Ils dépassent en perfection toutes les créatures visibles. L'éclat de leur gloire en témoigne. […]
De l'enfance au trépas, la vie humaine est entourée de leur garde et de leur intercession. "Chaque fidèle a à ses côtés un ange comme protecteur et pasteur pour le conduire à la vie" [30]. »

Encourageant et rassurant, n'est-ce pas ? Rendons grâce à notre Dieu pour l'aide qu'Il nous prodigue par les saints Anges. Aimons-les et sollicitons-les. Ils sont d'un grand secours pour nous guider sur notre chemin.

Parmi les créatures invisibles, il en est qui ne sont pas aussi bien disposées vis-à-vis de nous. Il nous faut même savoir qu'il existe, dans le monde invisible, des adversaires. Nous l'avons vu, saint Bernard nous parle de l'esprit diabolique et des deux ministres qui lui sont asservis : l'esprit de la chair [31] qui parle de mollesse, et l'esprit du monde qui parle de vanité.

Saint Paul nous rappelle que *« ce n'est pas contre des adversaires de sang et de chair que nous avons à lutter, mais contre les Principautés, contre les Puissances, contre les Régisseurs de ce monde de ténèbres, contre les esprits du mal qui habitent les espaces célestes* [32] *»*.

---

30. Cf. CEC § 329 et suivants. Vous y trouverez également les références bibliques parlant des anges.

31. Petite précision : quand saint Bernard, à la suite de saint Paul, parle de chair, il ne s'agit pas du corps, c'est-à-dire de l'homme dans sa réalité sensible et sexuelle, dans son organisme humain. La chair ainsi comprise définit le caractère périssable de l'homme, le péché, ce qui en l'homme s'oppose à Dieu.

32. Ep 6, 12.

Le *Catéchisme* est lui aussi très clair à ce sujet :

> « Satan ou le diable et les autres démons sont des anges déchus pour avoir librement refusé de servir Dieu et son dessein. Leur choix contre Dieu est définitif. Ils tentent d'associer l'homme à leur révolte contre Dieu. »

Ceci étant, soyons avertis, mais non point effrayés. Le grand Apôtre nous indique les armes pour résister et vaincre dans ce combat spirituel :

> *« C'est pour cela qu'il vous faut endosser l'armure de Dieu, afin qu'au jour mauvais vous puissiez résister et, après avoir tout mis en œuvre, restiez fermes. Tenez-vous donc debout, avec la Vérité pour ceinture, la Justice pour cuirasse, et pour chaussures le Zèle à propager l'Évangile de la paix ; ayez toujours en main le bouclier de la Foi, grâce auquel vous pourrez éteindre tous les traits enflammés du Mauvais ; enfin recevez le casque du Salut et le glaive de l'Esprit, c'est-à-dire la Parole de Dieu* [33]. »

L'Église, notre mère, nous dispense d'ailleurs tous les moyens pour cheminer dans la victoire du Ressuscité, en particulier par les sacrements, mais aussi par des sacramentaux (tels que l'eau bénite…) et diverses prières. Encore faut-il que nous en vivions.

## *Et moi dans tout ça ?*

Pour simplifier, disons qu'il y a l'Esprit Saint, l'esprit du mal et, nous l'oublions souvent, notre propre esprit. Étant donné que nous pouvons être sous l'influence d'un esprit extérieur à nous-mêmes, le discernement nous permettra de connaître si tel acte, inspiration, décision ou autre attitude, provient du Saint-Esprit ou du malin.

---

33. Ep 6, 13-17.

Il est également essentiel de prendre conscience qu'une orientation peut venir de nous-mêmes, sans la suggestion de l'Esprit Saint ou du malin.

Saint Ignace de Loyola nous en parle ainsi :

> « Je présuppose qu'il y a en moi trois sortes de pensées : l'une qui m'est propre, qui naît de ma seule liberté et de mon seul vouloir, et deux autres qui viennent du dehors, l'une qui vient du bon esprit et l'autre du mauvais[34]. »

Il est important de comprendre cela pour pouvoir discerner. Souvent, nous pensons que nous sommes inspirés par deux esprits : l'esprit du bien ou l'esprit du mal. Ce qui est juste. Mais une attitude, moins rare qu'il n'y paraît, a tendance de manière plus ou moins consciente à ne pas assez considérer notre propre pensée, qui, comme le dit saint Ignace, naît de ma seule liberté et de mon seul vouloir. Comme s'il n'y avait que deux esprits qui agissent en nous : Dieu ou le diable. Cette manière de penser est plus ou moins inspirée par une antique hérésie, le manichéisme, qui affirme l'existence de deux principes éternels, le Bien et le Mal, la Lumière et les Ténèbres, en lutte permanente[35].

Puisque j'aime les citations, permettez-moi de faire référence à un personnage bien connu que vous ne rencontrerez ni dans la Bible, ni chez les Pères, ni chez les Docteurs de l'Église. Il s'agit du capitaine Haddock, grand ami du jeune reporter Tintin. Le capitaine, vous le savez, a une certaine

---

34. *Exercices de saint Ignace* n° 32. Lorsque je cite saint Ignace, j'utilise généralement la traduction du père Edouard Geydan s.j. (Cette traduction figure dans le livre de prières et d'exercices des Coopérateurs Paroissiaux du Christ Roi (CPCR). Cette congrégation, fondée par le père Valette, propose des retraites ignaciennes.) ou les *Exercices spirituels de Saint Ignace de Loyola*, traduction du père Pierre Jennessaux SJ, annotée par le P. Roothaan, général de la compagnie de Jésus (Paris, 1907).

35. Cf. CEC § 285.

« vénération » pour la bouteille. Et l'on voit, de temps en temps, dans une bulle de la B.D., lorsque le capitaine est tenté de boire, un mauvais ange qui lui suggère : « Allez, capitaine, juste un petit verre, ça ne va pas te faire de mal. » Puis un autre, un bon cette fois, le rappelle à l'ordre : « Attention, capitaine, qui a bu, boira ! » Qui décide à ce moment-là de boire ou de ne pas boire (car telle est la question, dans cette circonstance) ? Ce n'est ni l'esprit du mal, ni l'Esprit du bien, c'est le capitaine Haddock !

Dieu nous a créés libres. L'enjeu est de l'être suffisamment pour obéir aux motions de l'Esprit du Seigneur et ne pas nous laisser asservir par les suggestions de l'esprit du mal. Notre esprit peut être poussé à faire le bien ou le mal, selon que nous suivons notre raison, éclairée par Dieu ou aiguillonnée par nos désirs égoïstes. Dans toute décision, nous jouissons de notre liberté intérieure. Parfois, nos idées proviennent de nous-mêmes. D'autres fois, elles sont suggérées « du dehors ». Mais la décision nous incombe. Magnifique et redoutable liberté !

Soyons suffisamment responsables pour assumer nos pensées et nos décisions. La tendance, dans ce domaine, est d'attribuer à d'autres ce qui nous revient. Je m'explique : lorsque quelque chose nous attire ou nous convient, nous pouvons un peu trop rapidement lui apposer le sceau « appellation d'origine contrôlée : production directe du Saint-Esprit ». À l'inverse, lors d'un mauvais agissement, il peut nous arriver parfois de mettre cela sur le compte de l'ennemi. Il ne fait pas de doute que souvent, le diable nous pousse au péché. On appelle cela la tentation. Mais dans quelle mesure avons-nous résisté ?

Nous oublions souvent qu'une énorme part de notre vécu intérieur est due à notre propre pensée. Pour le dire autrement et avec un peu d'humour, « certaines fois, le diable n'a même pas besoin de se déplacer, on fait le boulot nous-mêmes ».

Une petite histoire ayant un peu la saveur de celles des pères du désert nous exprime cela. Elle concerne la présence des démons dans différents lieux. Combien y a-t-il de démons sur le toit d'une « boîte de nuit » ? Certainement beaucoup, pense-t-on généralement. Et bien non ! Selon cette histoire, sur le toit de ce type d'établissement, il n'y en a qu'un seul. Il est là uniquement pour surveiller qu'en dessous, le mal se commette à une bonne cadence. À qui la faute ? Aux structures du péché mises en place, certainement. Mais aussi à celui qui, librement, a choisi d'entrer dans ce lieu.

Et sur le toit d'un monastère, combien de démons ? Il paraît qu'il y en a un par tuile. Là, il y a du travail pour le diable, car ceux ou celles qui y vivent, y prient jour et nuit, et y sont entrés librement pour croître dans le bien, la foi, l'espérance et la charité. Tout ce dont le diable a horreur.

Nous jouissons de notre liberté, c'est pourquoi il ne faut pas seulement mettre nos bêtises sur le compte de l'esprit du mal, sinon nous serions des pantins dans les mains de l'adversaire. De fait, si nous nous reconnaissons pécheurs, c'est justement parce que nous avons une part de responsabilité.

Remarquons également que cette tendance est plus rare à l'inverse. Je veux dire par là que, pour ce qui est du bien accompli, nous nous l'attribuons plus spontanément. Ne sommes-nous pas parfois comme ces parents qui partagent la grande et belle (et pas toujours facile !) tâche de l'éducation des enfants ? Lorsque les résultats sont bons : « Mon fils a une très bonne note ! » et quand la moyenne a tendance à baisser : « Ton fils n'a pas bien travaillé ! »

Alors, rendons à chacun (à nous y compris) ce qui lui est dû et soyons dans l'action de grâce pour tout le bien que le Seigneur nous donne de penser ou de faire. Jésus nous l'a dit : *« Je suis la vigne ; vous, les sarments. Celui qui demeure en moi, et moi en lui, celui-là porte beaucoup de fruit ; car hors de moi vous ne pouvez rien faire*[36]. »

Saint Paul nous résume de manière extraordinairement précise cette réflexion : *« L'Esprit en personne se joint à notre esprit*[37]. » Il s'y joint, Il ne s'y substitue pas.

Notre époque est assoiffée de liberté. Elle a raison. Nous avons été créés pour être libres. Mais combien ignorent la véritable nature de la liberté. Le *Catéchisme* nous en rappelle la teneur :

> « La liberté est le pouvoir, enraciné dans la raison et la volonté, d'agir ou de ne pas agir, de faire ceci ou cela, de poser ainsi par soi-même des actions délibérées. Par le libre arbitre, chacun dispose de soi. La liberté est en l'homme une force de croissance et de maturation dans la vérité et la bonté. La liberté atteint sa perfection quand elle est ordonnée à Dieu, notre béatitude... Plus on fait le bien, plus on devient libre. Il n'y a de liberté vraie qu'au service du bien et de la justice. Le choix de la désobéissance et du mal est un abus de la liberté et conduit à *"l'esclavage du péché"* [38]. »

> *« C'est pour que nous restions libres que le Christ nous a libérés. Donc tenez bon et ne vous remettez pas sous le joug de l'esclavage*[39]. »

## *Comment reconnaître les différents esprits ?*

Nous l'avons vu, il y a plusieurs esprits. Alors comment les reconnaître ? À ce qu'ils nous suggèrent, c'est-à-dire à leurs discours, et à leurs fruits.

---

36. Jn 15, 5.
37. Rm 8, 16.
38. CEC § 1731 et 1733.
39. Ga 5, 1.

De l'Esprit du Seigneur, nous viennent des inspirations.

L'esprit du mal, lui, nous séduit par des tentations, des illusions et des mensonges.

L'Esprit du Seigneur nous pousse à cultiver la charité, l'unité, le service, le désir de sainteté…

> « Toutes les fois, au contraire, que la salutaire pensée vous vient à l'esprit de châtier[40] votre corps, d'humilier votre cœur ; de conserver l'unité, de donner à vos frères des preuves de votre charité, d'acquérir d'autres vertus, de les conserver et de les augmenter, il n'y a pas de doute, c'est l'esprit de Dieu qui parle, soit par lui-même, soit par le ministère de son ange[41]. »

L'esprit du mal nous pousse à l'envie, la jalousie, l'impatience, le désir de vengeance, la mauvaise colère…

À l'homme d'être attentif, de vérifier ce qui l'habite. Il s'agit alors de suivre ce qui est bon et de repousser ce qui est mauvais.

L'Esprit du Seigneur nous tourne vers Dieu et vers les autres, en vue de leur bien, le malin nous en détourne ou bien nous y pousse par convoitise ; et notre propre esprit, blessé par le péché, nous centre bien souvent sur nous-mêmes.

Cela peut sembler assez simple, finalement. D'une certaine manière, ça l'est, en effet. Car si, dans le silence et la prière, nous écoutons le Seigneur d'un cœur sincère, désirant faire ce qui plaît à Dieu, nous percevons bien ce qui est ajusté à Lui et ce qui ne l'est pas. Mais ce qui est simple n'est pas forcément facile. Savoir quoi choisir ou rejeter est une chose, le faire en est une autre. Ce qui implique un

---

40. On pourrait parler de discipliner son corps, par l'ascèse des jeûnes et des veilles. Il s'agit de garder une certaine maîtrise de nous-mêmes, de ne pas nous laisser dominer par les appétits de notre corps, car il peut devenir très exigeant et nous réduire en esclavage dans bien des domaines.

41. St Bernard, *Sermons divers* - vingt-troisième sermon : « Du discernement des esprits ».

combat quasi permanent pour choisir le bien véritable. Notre bonne volonté fortifiée par la grâce de Dieu nous y conduit. Et si parfois nous chutons, la miséricorde de Dieu nous relève et nous permet de repartir.

Parfois, c'est plus subtil. Je veux dire par là que l'action des différents esprits est quelquefois plus difficile à cerner. Par exemple, dans le registre de ce qui nous apparaît comme bonnes inspirations : lorsque nous sommes enclins à une œuvre bonne, qu'est-ce qui motive ce désir ? Si, par exemple, je cherche à aider mon prochain, à rendre service dans une association... est-ce que je recherche le bien en lui-même, en vue de Dieu et des autres, ou est-ce la vaine gloire, dans l'ambition d'être reconnu, mis à la première place... Qu'est-ce qui me pousse ? Ma propre satisfaction, le succès et les honneurs, ou le bien des autres et la gloire de Dieu ?

Évidemment, nos intentions sont rarement tout à fait pures. Et il serait dommage de s'abstenir de faire le bien, sous prétexte d'en tirer bénéfice. Cependant, il est important de s'interroger de temps en temps sur nos motivations profondes. N'oublions pas cette magnifique sentence de saint François d'Assise : « C'est en s'oubliant que l'on se retrouve soi-même. »

Croyons bien, nous l'avons déjà dit, que c'est en accomplissant ce que le Seigneur nous demande que l'on s'épanouit véritablement.

Ce que nous vivons en écoutant les différents esprits nous renseigne également sur leur origine. Jésus nous a donné une règle très éclairante :

*« Cueille-t-on des raisins sur des épines ? Ou des figues sur des chardons ? Ainsi tout arbre bon produit de bons fruits, tandis que l'arbre gâté produit de mauvais fruits. Un bon arbre ne peut porter de mauvais fruits, ni un arbre gâté porter de bons fruits. Tout arbre qui ne donne pas un bon fruit, on*

*le coupe et on le jette au feu. Ainsi donc, c'est à leurs fruits que vous les reconnaîtrez*[42]. »

Ainsi, nous reconnaissons la provenance des esprits à leurs fruits. On pourrait dire : à leur « production ».

Écoutons saint Paul nous en parler clairement :

*« On sait bien tout ce que produit la chair : fornication, impureté, débauche, idolâtrie, magie, haines, discorde, jalousie, emportements, disputes, dissensions, scissions, sentiments d'envie, orgies, ripailles et choses semblables – et je vous préviens, comme je l'ai déjà fait, que ceux qui commettent ces fautes-là n'hériteront pas du Royaume de Dieu. »*

*« Mais le fruit de l'Esprit est charité, joie, paix, longanimité, serviabilité, bonté, confiance dans les autres, douceur, maîtrise de soi. »*

Sachant cela, saint Paul nous invite à une vie cohérente, à un agir conforme à ce que nous croyons :

*« Or ceux qui appartiennent au Christ Jésus ont crucifié la chair avec ses passions et ses convoitises. Puisque l'Esprit est notre vie, que l'Esprit nous fasse aussi agir*[43]. »

## *L'expérience de saint Ignace…*

Ici, il nous est très profitable de rappeler une expérience que saint Ignace a vécue alors qu'il était immobilisé par sa terrible blessure de guerre[44]. Durant cette période, il rêve

---

42. Mt 7, 16-20.

43. Ga 5, 19-25.

44. Cf. « Ignace et les exercices », de Yves Gélébart dans la revue *FOI* (Hors-série n° 5, de la Communauté du Chemin Neuf). Ainsi que *Exercices spirituels de saint Ignace de Loyola*, traduction du père Pierre Jennessaux SJ, Paris, 1907. La Communauté du Chemin Neuf est une communauté catholique de spiritualité ignacienne à vocation œcuménique.

tantôt aux exploits chevaleresques qui lui permettraient de conquérir une grande dame, et tantôt à la vie des saints, se demandant pourquoi il ne ferait pas, lui aussi, ce qu'un saint Dominique ou un saint François ont fait.

Il expérimente que ces divers types de pensées produisent des résultats différents dans son âme. Il prête alors attention aux mouvements intérieurs qui l'habitent.

Ainsi, lorsqu'il rêve à sa dame, il en éprouve grande satisfaction sur le moment. Mais sorti de sa rêverie, il est comme triste et sans élan. En revanche, lorsqu'il pense aux saints, cette joie et cet élan demeurent au-delà même de ses pensées, laissant paix et joie dans son âme.

Ignace en conclut à l'existence de différents esprits, celui de Dieu : l'Esprit Saint, et celui du Démon : le père du mensonge.

Cette expérience va donner naissance à plusieurs règles de discernement.

Les règles permettent de sentir et de reconnaître, en quelque manière, les diverses motions qui se produisent dans l'âme. Les bonnes pour les recevoir et les mauvaises pour les rejeter[45]. Ces règles sont des sortes de balises très utiles pour reconnaître les mouvements de l'âme. Il est important, pour qui veut avancer dans la vie spirituelle, d'apprendre petit à petit à remarquer ces mouvements intérieurs. Notons cependant que ces règles ne suffisent pas à elles seules. Elles ne sont pas le moyen unique et ne sauraient dispenser de l'aide d'un accompagnateur spirituel, sans parler des dons du Saint-Esprit dont nous avons parlé précédemment.

Voici les deux premières règles de discernement de saint Ignace :

---

45. Règle 313.

La première :

« Chez ceux qui vont de péché mortel en péché mortel, l'ennemi, en général, a coutume de leur proposer des plaisirs apparents : il leur fait imaginer des jouissances et des plaisirs des sens, pour mieux les conserver et les faire croître dans leurs vices et leurs péchés.
Chez ceux-là, le bon Esprit utilise une manière de faire inverse : il les aiguillonne et mord leur conscience par le sens moral de la raison. »

La deuxième :

« Chez ceux qui se purifient intensément de leurs péchés et qui, dans le service de Dieu notre Seigneur, s'élèvent du bien vers le mieux, c'est la manière de faire inverse de celle de la première règle. Car alors, le propre du mauvais esprit est de mordre, d'attrister et de mettre des obstacles, en inquiétant par de fausses raisons pour qu'on n'aille pas plus loin.
Et le propre du bon Esprit est de donner courage et forces, consolation, larmes [46], inspirations et quiétude, en rendant les choses faciles et en écartant tous les obstacles, pour qu'on aille plus avant dans la pratique du bien [47]. »

Il est à noter que l'auteur des *Exercices* prend pour exemple des personnes dont le comportement est aux deux extrêmes : le grand pécheur, et l'homme plein de ferveur qui travaille intensément à sa conversion. Il y aurait lieu de nuancer pour des personnes se situant entre ces deux attitudes.

Ce que l'on peut toutefois retenir, c'est que le diable cherche à garder loin du Seigneur ceux qui s'y trouvent déjà. Il les séduit par de belles apparences, mais qui conduisent ensuite à l'insatisfaction, à la déception, à l'inquiétude, à l'escalade (ou à la pente savonneuse) des vices.

---

46. Les larmes sont considérées ici sous leur aspect positif.
47. 314-315, il est d'un grand profit de méditer également les autres règles de discernement de saint Ignace. On en trouvera quelques-unes au fil de cet ouvrage.

Lorsqu'il a affaire à une âme fervente, il va tout faire pour lui « mettre des bâtons dans les roues », essayer de la décourager… pour la faire régresser ou tout au moins l'empêcher de progresser.

Le bon Esprit, lui, frappe à la conscience des personnes égarées pour les rappeler à une vie plus droite. Avec ceux qui avancent dans la vertu, il leur donne courage, inspiration, consolation et paix, favorisant ainsi la croissance dans le bien.

Pour mieux saisir ces principes, fondamentaux pour le discernement spirituel, je fais ici appel à la réflexion du père Jean-Claude Dhôtel, jésuite[48] :

> « Nous partons de ce fait : quand une liberté est en jeu pour l'accomplissement de la vocation d'un homme (ou d'un groupe), elle est soumise à deux influences qui agissent comme des forces contraires. Dieu veut l'aider, sans la contraindre, à réaliser sa vocation selon son dessein universel de salut, celui de cet homme particulier étant inséparable de celui du monde ; l'adversaire de Dieu et des hommes veut l'en empêcher. Le discernement spirituel consiste à repérer l'influence divine pour s'y livrer sans réserve et à repérer l'influence de l'adversaire pour s'en dégager. Ignace appelle ces influences des motions, c'est-à-dire des poussées ou des attirances qui mettent l'âme en mouvement dans un sens ou dans un autre. »

L'auteur poursuit, nous expliquant, à partir de deux hypothèses, l'action de Dieu et de l'adversaire :

Première hypothèse : ma vie est sur la mauvaise pente. Plus ou moins consciemment, je tourne le dos à ma vocation ; plus ou moins volontairement, j'accepte cette marche

48. *Discerner ensemble*, guide pratique du discernement communautaire, supplément à *Vie chrétienne* 309, p. 32.

arrière. L'action de Dieu consiste alors à m'inquiéter par le remords. L'action de l'adversaire consiste à étouffer le remords et à faire miroiter l'attrait du péché.

Deuxième hypothèse : je suis décidé au progrès spirituel, ma vie est orientée vers le service du Seigneur. Dans ce cas, l'action de l'adversaire consiste à me décourager d'entreprendre ou d'aller plus loin. L'action de Dieu est contraire : elle me met en confiance et m'encourage en me donnant lumière et force, joie et paix « pour aller de l'avant ».

## *... Et l'expérience de chacun*

Presque chacun d'entre nous a pu expérimenter, sans le savoir, certains aspects de ces règles qui exposent les moyens dont se servent le bon et le mauvais esprits pour parvenir à leurs fins.

Comme le dit le proverbe, « on n'attrape pas des mouches avec du vinaigre » ! Ainsi, l'esprit du monde nous attire avec beaucoup de choses clinquantes. Nous nous laissons séduire par ce qu'il nous fait miroiter. Mais au plaisir immédiat qui en découle, succède bien souvent une amère déception.

Ce peut être dans le domaine des achats : parfois, telle publicité ou promotion est tellement convaincante qu'on se demande comment on a pu vivre si longtemps sans l'objet en question. Une sorte de frénésie peut alors s'emparer de l'acheteur. Mais, aux dires de certaines personnes agissant de la sorte, la jouissance s'arrête souvent avant même d'avoir déballé l'acquisition, qui reste finalement au fond d'une armoire. L'argent aurait pu être mieux investi !

D'autres ont fait l'expérience de la « séduction-déception » par les sorties nocturnes. Ces personnes font la fête, boivent ou fument, parfois consomment des stupéfiants ou se saoulent de décibels, s'excitent par une surconsommation de boissons énergisantes, se laissent aller au hasard d'une rencontre facile ou d'un flirt passager… Elles ressentent alors une certaine ivresse, bien éphémère en fait. Beaucoup témoignent qu'après ces instants furtifs, une fois les illusions tombées, les spots éteints, les artifices épuisés…, ces fausses joies conduisent à la déception, à l'amertume, à la tristesse, à la désespérance et parfois même à la dépression ou au suicide.

En écoutant avec attention, on pourrait presque deviner le malin ricaner hideusement, content de réussir si facilement à nous attirer dans ses filets.

Dans un entretien paru dans un journal grand public une veille de Noël, Mgr Bernard Genoud, évêque de notre diocèse, traduit par des mots incisifs cette expérience si répandue aujourd'hui de la « séduction-déception » :

> « Ce qui désespère l'homme contemporain, c'est la chasse au plaisir. L'homme étant fait pour un bonheur infini, il peut additionner tous les plaisirs qu'il veut, tant qu'il additionnera du fini, il n'aura jamais de l'infini… »

et plus loin :

> « L'homme a perdu la joie, cette espèce d'état intérieur de dilatation de l'âme en présence de l'objet aimé. Par rapport au plaisir que le monde offre, il y a erreur de casting : on prend le plaisir pour le bonheur[49]. »

Après ces situations où nous avons pu déceler le malin dans ses tentatives de nous éloigner du Bien, nous pouvons, toujours selon les critères de saint Ignace, réfléchir à des

---

49. Mgr Bernard Genoud dans *Coopération* n° 52, 22 décembre 2004.

situations où le Saint-Esprit était à l'œuvre. Il y en a beaucoup dans nos vies. Par exemple : la participation à une belle veillée de prière, pourtant sans grands éclats ou « effets spéciaux » ou alors un acte de charité désintéressé, un sacrifice consenti et offert par amour pour Dieu… ne vous ont-ils pas laissé le cœur en paix ? Nous pouvons bien souvent, dans ces situations, partager la joie du psalmiste qui s'écrie : *« Seigneur, tu as mis en mon cœur plus de joie qu'aux jours où leur froment, leur vin nouveau débordent. »* Ceux qui se réjouissent de l'abondance de la terre se réjouissent de manière bien légitime et pour des choses bonnes : ils récoltent le fruit de leur travail. Mais ce que nous dit ce psaume, c'est que la joie qui nous vient du Seigneur est plus profonde et plus intense, plus permanente aussi que toutes les autres. N'est-il pas d'ailleurs significatif que la prière continue par ces mots : *« En paix, tout aussitôt, je me couche et je dors : c'est toi, Seigneur, qui m'établis à part, en sûreté*[50]*. »*

Ou encore : tandis que vous vivez une bonne retraite, un temps d'accompagnement spirituel ou un moment de grande ferveur, vous avez pris telle bonne résolution. N'avez-vous pas perçu dans votre cœur une joie et un élan nouveau, une forte motivation à vivre l'Évangile ? C'est le bon Esprit qui était à l'œuvre.

## *Combats le bon combat*[51]

Hélas, bien souvent, nous ne persévérons pas. Pourquoi cela ? Parce que la conversion exige un certain travail. Comme parfois, nous sommes réticents au travail nécessaire

50. Ps 4, 9.
51. 1 Tm 6, 12.

à l'acquisition de biens matériels, nous pouvons aussi entrer dans une paresse spirituelle qui nous fait refuser le labeur indispensable à l'acquisition de ceux de l'âme. Cette paresse spirituelle s'appelle l'acédie[52]. Autre raison de nos abandons souvent précoces : nous l'avons vu, le malin fait tout pour nous détourner du chemin de la Vie, soit en tentant de nous décourager, soit en cherchant à nous dérouter par toutes sortes d'artifices. Le Seigneur nous attire à Lui de manière toute simple, de façon suffisamment claire pour que nous nous laissions entraîner par ses parfums, et suffisamment discrète pour que nous gardions toute notre liberté. Car l'Amour vrai ne contraint jamais. Le malin, lui, cherche à nous subjuguer par la séduction afin de nous réduire en esclavage. Il nous éblouit souvent par des choses clinquantes. Mais, attention, tout ce qui brille n'est pas d'or ! Sa fourberie peut même le conduire à se présenter à nous en « ange de lumière », c'est-à-dire en nous présentant le mal sous l'aspect du bien. Voici quelques situations où il peut agir ainsi : favoriser un certain succès apostolique afin de nous saper par l'orgueil ; nous pousser à des ascèses excessives pour ruiner notre santé ; nous renfermer sur nous-mêmes sous couvert d'intériorité (en communauté, nous percevons vite la différence entre intériorité et bouderie)…

Comme nous y invite le Psaume 24 : que notre âme ne se porte pas vers des riens[53] ! Alors, lorsque le diable cherche à nous attirer en nous faisant miroiter toutes sortes de chimères, proclamons avec conviction et autorité : « Je ne me laisserai pas contenter par ces vanités, je veux plus : je veux Dieu ! Je suis fait pour plus : je suis fait pour Dieu ! » Dans des moments de tentation ou de combat spirituel, la

---

52. Cf. CEC § 2733.
53. Ps 24, 4.

simple proclamation de notre foi, par la récitation du Credo, peut être d'un grand secours.

Ne négligeons pas non plus de nous mettre sous la protection du précieux Sang de Jésus. Ou de réciter avec foi des prières de protection, à la Vierge Marie, elle qui écrase la tête du serpent, ou à saint Michel Archange, telle celle proposée à l'Église par le pape Léon XIII :

> « Saint Michel Archange, défendez-nous dans le combat, soyez notre secours contre la malice et les embûches du démon ! Que Dieu lui fasse sentir son empire, nous vous en supplions ! Et vous, Prince de la milice céleste, précipitez en enfer, par la force divine, Satan et les autres esprits mauvais qui rôdent dans le monde pour la perte des âmes ! Amen. »

À apprendre par cœur, et à réciter avec cœur !

Il fallait le dire : il y a du combat. Mais ne voyons pas non plus le diable partout, cela nous conduirait à la peur, à une vie spirituelle tendue… ce qui ferait le jeu de l'adversaire. Ce n'est pas ce que veut le Seigneur pour ses enfants. Le Seigneur a la victoire ! Souvenons-nous toujours du précepte de saint Ignace dans la deuxième règle : « Le propre du bon Esprit est de donner courage et forces, consolation, larmes, inspirations et quiétude, en rendant les choses faciles et en écartant tous les obstacles, pour qu'on aille plus avant dans la pratique du bien. » Alors courage ! Avançons dans la paix, la joie et la confiance.

Enfin, je rappelle que dans ces domaines, il est d'un grand secours de vivre un accompagnement régulier. Pour qui souhaite progresser vraiment dans la vie spirituelle, ce recours est même indispensable.

## Chapitre troisième

# *Quelques principes*

Dans les deux prochains chapitres, je donnerai des critères assez précis et concrets pour discerner. D'abord en ce qui concerne les grandes orientations de notre vie, qui demandent à être mûrement réfléchies, par exemple un investissement considérable, un choix très important, le discernement d'une vocation… Ensuite en ce qui concerne les décisions à prendre dans la vie courante.

Avant cela, voici quelques principes ou préalables qui sont comme le socle sur lequel le discernement va s'opérer.

### *La base du discernement*

**Le premier de ces préalables** pourrait s'appeler la « base du discernement[1] ».

Pour avancer et progresser dans différents domaines, il est bon d'avoir un but, un objectif. Une fois ce but défini ou fixé, on va mettre en œuvre les moyens pour y parvenir. L'homme avisé va alors agir en fonction de ce but. Il va écarter ce qui l'en éloigne, et cultiver ce qui concourt à l'en rapprocher.

1. Cf. *Le discernement spirituel*, p. 68.

Évidemment, tous les buts ne se valent pas, mais le principe reste le même.

Quelqu'un par exemple qui désire être riche aura pour base de discernement l'argent. Les choix qu'il va poser, les décisions qu'il va prendre le seront presque toujours, consciemment ou non, en fonction de son objectif. Pour certains, le moyen sera le travail acharné, pour d'autres, de longues études afin d'être très qualifiés avec un salaire correspondant à leurs capacités, d'autres encore n'hésiteront pas à recourir à la fraude ou à voler… Chacun selon sa personnalité, ses capacités, ses valeurs, son honnêteté, prendra les moyens conformes au but fixé.

Il n'est certainement pas inutile de rappeler ici que la fin ne justifie pas les moyens. Poser un acte mauvais, même en vue d'une fin bonne, ou avec une bonne intention, reste moralement mauvais.

Autre exemple : vous voulez aller de tel endroit à tel autre. Les moyens que vous mettrez en œuvre dépendront de plusieurs facteurs. Si vous êtes pressé, vous allez chercher le chemin le plus court. Si vous êtes en vacances, d'humeur romantique, ou… bien accompagné, et que vous n'êtes pas vraiment pressé d'arriver, vous allez choisir une route plus bucolique…

Un autre, disposant de capacités sportives, aspire à devenir champion cycliste. Son talent, même s'il en a beaucoup, ne suffira pas. Il faudra de l'entraînement, et même consentir à quelques sacrifices. S'attarder dans les cafés une veille de course n'est pas compatible avec son objectif. Comme le rappelait un professeur à ses élèves : « Ne pensez pas que le talent suffise : pour réussir, il faut dix pour cent d'inspiration et nonante (quatre-vingt-dix pour nos amis français) pour cent de transpiration. »

Définir un but et mettre en œuvre les moyens d'y parvenir a un nom : la prudence[2]. Il ne s'agit pas ici de l'attitude qui consiste à éviter les situations à risque, les dangers… mais d'une des quatre vertus cardinales (les trois autres étant la justice, la force et la tempérance[3]).

Un des mots formés à partir de prudence nous aide à en approfondir le sens : Providence. *Providere* : voir en avant. Le navigateur prudent connaît sa destination, et barre en fonction de ce but, tenant compte de tous les éléments qu'il rencontre en mer. Il conduira l'embarcation à bon port.

Le sens de la prudence est donc le sens de l'adaptation des moyens à la fin. Nos actions sont ou devraient être orientées vers une fin que nous nous sommes donnée, et doivent prendre le chemin pour atteindre cet objectif.

Parfois, ce chemin est simple et évident : si je trouve que la sauce béarnaise n'est pas assez salée et que mon but est de l'assaisonner davantage, je n'ai qu'à tendre le bras en direction du sel. D'autres fois, pour des décisions importantes, c'est beaucoup plus complexe.

Il y a là une véritable clé pour la conduite de notre vie. Choix d'un loisir, choix professionnels, décisions à prendre, discernement d'une vocation… Devant la multitude des possibilités et propositions dans tous domaines, il y a parfois de quoi être déboussolé.

Le prudent est donc celui qui sait gouverner sa vie. Et cela s'apprend. Donner quelques indications dans ce domaine est un des buts de ce livre.

---

2. Pour approfondir ce thème, ainsi que les trois autres vertus cardinales, on lira avec grand profit *Construire sa personnalité* du père Pascal Ide, Le sarment-Fayard.

3. *« Aime-t-on la justice ? Ses labeurs, ce sont les vertus, elle enseigne, en effet, tempérance et prudence, justice et force ; ce qu'il y a de plus utile pour les hommes dans la vie. »* (Sg 8, 7)

## *Quel est le but que je poursuis ?*

Hélas, bien souvent, nous n'avons pas vraiment défini des objectifs et on « navigue un peu à vue ». Dans ces conditions, pas grand-chose ne se concrétise ou ne se bâtit.

Évidemment, il ne s'agit pas de tout prévoir, de tout planifier… d'autant plus que la vie nous réserve quelques surprises. Mais entre le « flou artistique total », le « bof permanent » et « l'hyper-volontarisme super-organisé », il y a place pour une écoute confiante de la volonté de Dieu dans nos vies et pour des projets constructifs.

La question, nous y revenons, est donc de savoir quelle est la base de discernement pour ma vie.

Pour le chrétien, la base de discernement est claire.

Saint Ignace de Loyola l'a admirablement exprimée au début des *Exercices* dans ce qu'il a appelé « principe et fondement » :

> « L'homme est créé pour louer, honorer et servir Dieu, notre Seigneur, et, par ce moyen, sauver son âme. Et les autres choses qui sont sur la terre sont créées à cause de l'homme et pour l'aider dans la poursuite de la fin que Dieu a marquée en le créant. D'où il suit qu'il doit en faire usage autant qu'elles le conduisent vers sa fin, et qu'il doit s'en dégager autant qu'elles l'en détournent[4]. »

Et plus loin, dans le préambule pour faire élection :

> « En toute bonne élection, dans la mesure où cela dépend de nous, l'œil de notre intention doit être simple, regardant uniquement ce pour quoi je suis créé : pour la louange de Dieu notre Seigneur et le salut de mon âme. Ainsi, quelle que soit la chose que je choisisse, elle doit être de nature à m'aider en vue de la fin pour laquelle je suis créé sans ordonner ni soumettre la fin au moyen, mais le moyen à la fin… »

---

4. *Exercices*, n° 23.

Avec d'autres mots, le *Catéchisme* nous conduit sur la même voie :

> « La foi en Dieu l'Unique nous amène à user de tout ce qui n'est pas Lui dans la mesure où cela nous rapproche de Lui, et à nous en détacher dans la mesure où cela nous détourne de Lui[5]. »

En conséquence, tous les choix que nous posons, toutes les décisions que nous prenons, en tant que chrétiens, doivent être, plus ou moins explicitement, orientés vers le Christ. Pour le dire autrement : nous devons tendre à ne rien faire qui soit incompatible avec la glorification de Dieu, ou qui compromette notre salut. Cette base va fournir le terrain, la norme stable pour tout discernement.

Ainsi, lors d'une réflexion sur un choix important comme un choix de vie, une orientation professionnelle, des fréquentations, un certain type de loisirs… nous pouvons nous demander si ce que nous choisissons est de nature à nous aider en vue de la fin pour laquelle nous avons été créés. Si c'est le cas, il y a déjà une porte qui s'ouvre. Il faudra poursuivre le discernement. Si c'est le contraire, feu rouge ! Saint Ignace poursuit la règle citée ci-dessus[6] :

> « Il arrive, par exemple, que beaucoup choisissent en premier lieu de se marier, ce qui est un moyen, et en second lieu de servir Dieu notre Seigneur dans le mariage, alors que servir Dieu est la fin, de même, il en est d'autres qui veulent d'abord avoir des bénéfices et, ensuite, y servir Dieu… Ils font de la fin un moyen et du moyen une fin, de sorte que ce qu'ils devaient mettre en premier, ils le mettent en dernier. Car nous devons nous proposer en premier lieu, comme objectif, de vouloir servir Dieu, ce qui est la fin, et en second

5. CEC § 226.
6. *Exercices*, n° 169.

lieu de prendre un bénéfice ou de me marier, si cela est préférable pour moi, ce qui est le moyen en vue de la fin… »

Cela paraît assez absolu. C'est en tout cas exigeant. Mais ça en vaut la peine, car dans ce principe se trouve la clé pour réussir sa vie. Et sa mort. Et son éternité.

Cette norme stable du discernement pourrait aussi être désignée « appel à la sainteté ». Le concile Vatican II ne nous a-t-il pas rappelé avec force que « si, dans l'Église, tous ne marchent pas par le même chemin, tous, cependant, sont appelés à la sainteté[7] ».

Il va sans dire qu'il est bon d'avoir des projets, comme de choisir un bon métier, de se lancer dans telle entreprise, de bâtir une maison… mais, nous le verrons plus loin, il est bon de soumettre ces questions au Seigneur. Comme chrétiens, nous n'avons pas à tout décider tout seuls pour ensuite demander à Dieu de bénir nos réalisations. Mais plutôt à discerner quelle est sa volonté dans les décisions importantes de notre vie.

Il y a un passage que j'aime beaucoup dans le livre de Tobie. Nous l'avons d'ailleurs choisi, avec mon épouse Françoise, comme première lecture de notre mariage. Tobie s'apprête à s'unir à Sara. Il prie : *« Et maintenant, Seigneur, tu le sais : si j'épouse cette fille d'Israël, ce n'est pas pour satisfaire mes passions ; mais seulement par désir de fonder une famille qui bénira ton nom dans la suite des siècles[8]. »* Il apparaît clairement que Tobie, qui est sûrement très content de se marier, agit en vue de Dieu.

Bien sûr, si nous avons décidé de nous marier, c'est parce que nous étions amoureux, pour la joie d'aimer et d'être

7. *Lumen Gentium* 32.
8. Tb 8, 9 (traduction liturgique).

aimés, pour les bons moments passés ensemble, pour partager nos joies et nos peines, accueillir des enfants, pour le partage… mais en Dieu. Ce qui atteste ce choix : nous étions prêts à renoncer à nous marier si, durant les fiançailles, le Seigneur nous montrait clairement qu'Il nous appelle à autre chose. Il sait, Lui, ce qui est bon pour nous. Du reste, Dieu, qui s'y connaît en Amour, est le plus sûr allié pour l'approfondissement de toutes les perspectives du mariage. Ainsi, en amour comme dans les autres dimensions de notre vie, il est plus que recommandable de soumettre à Dieu nos projets.

D'une part, parce que nous sommes appelés à Lui obéir, à faire sa volonté, comme nous le disons si souvent (et parfois un peu rapidement) dans la prière du Notre Père.

D'autre part, parce que, lorsque nous traversons des petits moments d'orage, nous sommes en quelque sorte protégés du doute sur les choix que nous avons faits. Inutile, en effet, de tout remettre en question lorsque le chemin devient un peu escarpé. Nous pouvons avoir cette assurance, dans la mesure où nous avons soumis nos projets au Seigneur avant de nous engager. Dans ces conditions, le soleil revient vite, et une fois la bourrasque passée, on s'aperçoit qu'un orage est parfois bien utile pour féconder la terre.

« En vue de quoi ? » est donc une question fondamentale lorsque l'on s'apprête à prendre une décision.

## *À éliminer d'office*

**Deuxième préalable** : cela semble une évidence, mais ne l'est pas toujours : si on a un discernement à faire, on ne peut le faire qu'entre deux choses bonnes ou tout au moins indifférentes. Pour le dire autrement : les choses qui apparaissent de manière évidente comme mauvaises ne devraient pas entrer en considération pour un discernement sérieux.

Saint Ignace l'exprime clairement :

> « Il est nécessaire que toutes les choses sur lesquelles nous voulons faire élection soient en elles-mêmes indifférentes ou bonnes, et qu'elles soient en accord avec notre sainte mère l'Église catholique, et ne soient ni mauvaises ni en opposition avec elle[9]. »

Dans le cadre du discernement spirituel, il y a des choses qui sont éliminées d'office. Il n'est même pas nécessaire d'avoir une réflexion, il n'y a pas d'hésitation à avoir à propos de ce qui est mauvais. De fait, le discernement va s'opérer entre une chose bonne et une chose meilleure. Toute la subtilité de la démarche consiste à discerner quelle est la meilleure afin de pouvoir la choisir.

## *La parabole du « champignonneur »*

Pour illustrer l'importance du discernement et de la mise en place d'une hiérarchie des valeurs, j'ai pensé un jour à une petite parabole, elle nous parle des amateurs de champignons. Parmi eux, il y en a, nombreux, qui aiment s'en régaler, d'autres, moins nombreux, savent les cuisiner, d'autres, encore moins nombreux, savent les reconnaître, aiment les rechercher et les cueillir. Pour faire partie de cette dernière catégorie, il faut être avisé, sinon l'expérience peut devenir assez délicate ou même dangereuse. À mon avis, il y a trois sortes de champignons : les bons, les sans-valeurs, non vénéneux mais insipides, et les dangereux, voire mortels.

Les bons je les prends, les sans-valeurs je les laisse, les dangereux je les rejette.

Nous pouvons appliquer ce principe à bien des domaines

9. « Sur l'élection », 170.

de notre vie. Prenons par exemple la télévision : les bonnes émissions télévisées, vous pouvez les prendre, si vous avez le temps et y trouvez de l'intérêt. Les sans-valeurs vous les laissez, et les mauvaises vous les rejetez, même si vous y trouvez de l'intérêt et que vous avez le temps. À qui n'est-il jamais arrivé de regarder une émission ou un film de qualité très médiocre en faisant le constat (hélas trop tard) d'avoir perdu deux heures qui auraient pu être investies autrement ? Que dire alors lorsque l'émission proposée et regardée est franchement mauvaise ? Cela peut être de l'ordre du péché à remettre au Seigneur lors du sacrement de réconciliation.

Je prends, je laisse, je rejette. Cette manière de « trier » les propositions qui nous sont faites peut être très éclairante. Ne dit-on pas que, à plusieurs saphirs, le joaillier préfère le moindre diamant ?

Le prophète Isaïe, nous annonçant la venue du Messie, nous indique certains de ses traits distinctifs : *« De crème et de miel il se nourrira, et il saura rejeter le mal et choisir le bien*[10]. *»* Pour assouvir nos désirs profonds, ne nous contentons pas d'aliments qui ne sauraient nous rassasier ou de boissons incapables de nous désaltérer. Nous sommes faits pour plus, pour ce qui est vrai, bon et beau.

Unissons-nous à la prière de saint Nicolas de Flüe pour demander à Dieu la force d'opérer ces choix si essentiels :

> « Mon Seigneur et mon Dieu, prends-moi tout ce qui m'éloigne de toi. Mon Seigneur et mon Dieu, donne-moi tout ce qui me rapproche de toi. Mon Seigneur et mon Dieu, détache-moi de moi-même pour me donner tout à toi[11]. »

---

10. Is 7, 15.
11. Citée dans CEC § 226.

## *Je te dis « Oui »*

**Troisième préalable** : entrer dans une attitude de disponibilité. Pour le dire autrement : dire oui, par avance. Par confiance. Le mot « oui » est très court et très puissant. D'un oui ou d'un non dépend parfois toute une vie. Il est bon de rappeler ici que nous demeurons toujours libres dans nos réponses à Dieu. Mais une attitude intérieure d'ouverture aide grandement à voir plus clair dans nos cœurs.

Il y a plusieurs niveaux dans le oui.

Il y a le « oui disponibilité ». Un oui de fond. Une ouverture, un terrain de confiance, un désir de faire la volonté de Dieu. Je peux parfois être amené à dire oui à des choses qui, peut-être, n'arriveront pas : accepter la perspective de telle vocation ; être ouvert à l'accueil d'un nouvel enfant. Si je suis membre d'une communauté ou d'un institut, être ouvert à un envoi en mission dans un autre pays ; être disponible en cas d'appel à l'aide de mes voisins… Ce « oui disponibilité » ne veut pas dire souhaiter quelque chose, mais accepter la possibilité que cela me soit demandé et, le cas échéant, y répondre positivement.

Il y a le « oui réponse à une demande », à quelque chose de précis : vocation, demande d'un coup de main, d'un service… Là, le choix reste possible. Je peux dire oui ou non. Il s'agit alors (pour les choses importantes) de discerner si la demande est bonne, si elle est dans le plan de Dieu, et d'y répondre.

Parfois, ces oui sont très faciles à dire comme au conjoint, le jour du mariage ; parfois plus difficiles : comme à certaines demandes du conjoint, après un certain nombre d'années de mariage.

D'autres fois, c'est le oui initial qui coûte beaucoup, car ce oui implique des renoncements importants. Et pourtant, le monde et l'Église ont besoin de personnes prêtes à répondre à des appels exigeants. On est tous d'accord là-dessus ! Pour illustrer le fait que beaucoup reconnaissent ce besoin, mais que bien peu acceptent de s'engager eux-mêmes, un prédicateur disait un jour, non sans humour : « Les vocations, c'est comme les autoroutes, on est tous pour, à condition qu'elles ne passent pas dans notre jardin ! » Que répondrons-nous si l'appel du Seigneur nous rejoint, nous ou nos enfants, ou la jeune fille avec qui on aurait bien aimé « faire sa vie » ?

Et puis, il y a le « oui consentement ». Là, il n'est plus question de choisir ou même de discerner. La vie ou les événements nous imposent de temps à autre des choses que nous n'aurions pas choisies. Notre liberté va alors s'exercer sur la manière d'entrer dans ce oui. Révolte ? Résignation ? Acceptation, consentement ? Offrande ? Passer d'une étape à l'autre demande parfois un réel cheminement.

Il est bon, à certaines occasions, de reconsidérer notre disposition à dire « oui » dans ces différents domaines.

Nous pouvons garder cette disposition intérieure dans la mesure où nous sommes habités par la certitude que Dieu est Bon et qu'Il veut pour nous des choses bonnes.

Avec le Siracide, renouvelons notre acte de confiance : *« Les œuvres du Seigneur sont toutes bonnes, il donne sa faveur à qui en a besoin, à l'heure propice. Il ne faut pas dire : "Ceci est moins bon que cela !" car tout en son temps sera reconnu bon. Et maintenant de tout cœur, à pleine bouche, chantez, et bénissez le nom du Seigneur*[12] *! »*

Mais… je n'insiste pas, ce thème a été développé dans la première partie de ce livre.

---

12. Si 39, 33-35.

Marie est le modèle parfait du oui. À l'Annonciation, elle n'a pas tout compris, elle ne savait pas comment cela pourrait se faire, mais elle a fait confiance à la volonté de Dieu sur elle, elle a cru que rien n'est impossible à Dieu.

Demandons-lui de nous aider à entrer dans la dynamique du oui qui est une dynamique de vie.

## *L'indifférence ignacienne*

Cette attitude fondamentale, dont Marie est le modèle, est finalement apparentée à une notion capitale, déjà évoquée ci-dessus, de la spiritualité de saint Ignace: «l'indifférence ignacienne[13]».

Cette indifférence se fonde sur la certitude que Dieu aime l'homme, qu'Il vient à sa rencontre et lui propose un chemin de vie.

> «Le fondement de cette notion d'indifférence est la reconnaissance du lien de création qui unit la créature à son Créateur… Par sa condition de créature, l'homme est ordonné à Dieu. Pour saint Ignace, Dieu est premier et la créature ne peut trouver son identité profonde que dans l'accueil de cet Amour qui la précède.»

On retrouve ici l'affirmation très présente dans la Bible selon laquelle Dieu a l'initiative de l'Amour et de l'appel. Comme nous le dit saint Jean: *«En ceci consiste l'amour: ce n'est pas nous qui avons aimé Dieu, mais c'est lui qui nous a aimés et qui a envoyé son Fils en victime de propitiation pour nos péchés[14].»* Ou, de manière encore plus

---

13. Je m'inspire, pour ce paragraphe, du très bon article du père Olivier Turbat, dans le Hors-série de la revue *FOI* (communauté du Chemin Neuf) sur la spiritualité ignacienne. Les extraits suivants sont de lui.

14. 1 Jn 4, 9-10.

explicite : *« Ce n'est pas vous qui m'avez choisi ; mais c'est moi qui vous ai choisis et vous ai établis pour que vous alliez et portiez du fruit*[15]*.* » Ainsi, tout ce que l'homme peut faire pour Dieu devrait être réponse à l'initiative de Dieu qui est première. Le point de départ de la vision ignacienne n'est pas placé dans l'homme lui-même, dans sa soif de réalisation personnelle, il est en Dieu.

Il ne s'agit pas de renoncer à notre épanouissement, mais de l'accueillir de Dieu, étant certain qu'Il sait bien mieux que nous-mêmes ce qui est le meilleur pour nous. Le don de soi-même à Dieu, le désir de faire sa volonté devient ainsi chemin d'épanouissement, de paix, de joie.

Cette indifférence n'est ni attitude passive ni désintérêt de tout :

> « Elle est d'abord un comportement actif, une attitude éveillée de celui qui est conscient de sa condition de créature, et qui s'attache à Dieu en toutes choses et ordonne sa vie à l'amour du Père. »

Elle permet de discerner ce qui me conduit davantage à la fin pour laquelle je suis créé.

Elle ne vise pas le détachement pour lui-même, mais par attachement au Christ, « à cause de Jésus », en vue d'une disponibilité pour l'engagement, le service des autres, l'offrande au Seigneur.

Avant de poursuivre, je propose au lecteur de prendre un temps de réflexion et de prière. Les questions suivantes peuvent l'aider :

- Ai-je le désir de faire de ma vie une louange à la gloire de Dieu ? Mes choix sont-ils bien orientés ?

- Suis-je bien décidé à orienter ma vie selon le plan de

---

15. Jn 15, 16.

Dieu ? C'est-à-dire : désirer le servir, répondre à son appel. Cet appel se manifeste parfois dans les grandes orientations de vie, mais aussi dans la fidélité au quotidien ou dans une attitude de disponibilité lorsque surgissent des choses imprévues.

- Est-ce que je suis habité par la confiance en Dieu, jusqu'à lui donner le droit d'intervenir dans ma vie, de me montrer quelle est ma vocation ?

Terminons, avant d'aborder de manière très explicite les voies du discernement, par cette invitation de Jean-Paul II à nous remettre en toute confiance entre les mains de notre Dieu :

> « Au nom de tout l'amour que je vous porte, je n'hésite pas à vous inviter : “Ouvrez toutes grandes vos portes au Christ !” Que craignez-vous ? Faites-lui confiance. Risquez de le suivre. Cela demande évidemment que vous sortiez de vous-mêmes, de vos raisonnements, de votre “sagesse”, de votre indifférence, des habitudes non chrétiennes que vous avez prises peut-être. Oui, cela demande des renoncements, une conversion, qu'il vous faut d'abord oser désirer, demander dans la prière et commencer à pratiquer. Laissez le Christ être pour vous le Chemin, la Vérité et la Vie. Laissez-le être votre salut et votre bonheur. Laissez-le saisir votre vie tout entière pour qu'elle atteigne avec lui toutes ses dimensions, pour que toutes vos relations, activités, sentiments, pensées soient intégrés en lui, on pourrait dire “christifiés”. Je souhaite qu'avec le Christ, vous reconnaissiez Dieu comme la source et la fin de votre existence [16]. »

---

16. Rencontre de Jean-Paul II avec les jeunes, Parc des Princes, Paris 1980.

Chapitre quatrième

# *DISCERNER* *LES GRANDES ORIENTATIONS*

## *Les étapes du discernement*

Je veux parler ici des grandes orientations, comme le choix d'une vocation, d'un état de vie, d'une profession... mais aussi de choix déterminants que, comme chrétiens, nous souhaitons soumettre à Dieu, comme un engagement d'Église conséquent, un projet important, une nouvelle orientation professionnelle, un gros investissement, voire un changement de domicile...

Ceci nécessite des démarches particulières que nous allons décrire en expliquant la structure du processus de discernement.

Ce processus se déroule en trois étapes : la prière, le rassemblement des données ou réflexion et la confirmation du jugement. Il va de soi que la prière doit demeurer la disposition fondamentale de tout le processus [1].

1. Pour les étapes de ce processus, je me suis partiellement inspiré de l'ouvrage déjà cité de John Carol Futrell qui se base sur l'expérience et l'enseignement de saint Ignace de Loyola.

## 1. Première étape du discernement : la prière

La première étape, dans l'ordre et dans l'importance, est la prière. La prière est, par excellence, le lieu du discernement. Chacun connaît cette interpellation forte de saint Paul : *« Restez toujours joyeux. Priez sans cesse. En toute condition, soyez dans l'action de grâces. C'est la volonté de Dieu sur vous dans le Christ Jésus*[2]. *»* Tous les jours, en priant le Notre Père, nous disons : *« Que Ta volonté soit faite. »* Cette volonté, on ne la connaît pas toujours. Mais dans ce texte biblique, au moins, ça a le mérite d'être clair, c'est écrit noir sur blanc dans la Bible : la volonté de Dieu, c'est que nous soyons toujours joyeux, que sans cesse nous priions et que nous sachions rendre grâce, c'est-à-dire remercier, en toutes circonstances.

Que trouve-t-on juste après cet appel vibrant à la prière ? Un des versets-clés de la Parole de Dieu concernant le discernement : *« N'éteignez pas l'Esprit, ne dépréciez pas les dons de prophétie ; mais vérifiez tout : ce qui est bon, retenez-le ; gardez-vous de toute espèce de mal. »*

Il est remarquable que Paul nous invite à prier sans cesse, juste avant de nous parler en des mots très précis de tout le processus de discernement. C'est remarquable, mais ce n'est pas étonnant. En effet, le lieu du discernement est évidemment la prière. Elle est absolument indispensable pour nous en remettre en toute confiance au Père, dégagés, autant que possible de toute recherche de nous-mêmes qui nous empêcherait de voir, d'entendre ou de percevoir la volonté de Dieu.

Certaines personnes pensent que lorsque les chrétiens prient, ils « planent ». C'est le contraire qui est vrai : dans la

---

2. 1 Th 5, 16-18.

prière et dans la contemplation, nous sommes amenés à voir les choses telles qu'elles sont, nous sommes dans le réel. Le Christianisme porte en effet sur le réel. Celui-ci comprend le monde visible et invisible. Dans la prière, nous sommes « immergés », non seulement dans le monde visible, mais aussi dans ce monde invisible dont je parlais plus haut. Ainsi, nous sommes dans de meilleures dispositions pour percevoir les choses telles qu'elles sont en Dieu, par Dieu et pour Dieu.

La lumière qui est donnée dans la prière est avant tout une lumière sur nous-mêmes et finalement sur les motivations profondes qui nous habitent et qui manifestent l'appel que Dieu a déposé en nous. Dans ce sens, on peut dire que Dieu parle plus de l'intérieur que de l'extérieur.

Trop souvent, lorsqu'on se pose des questions pour notre vie, nous avons tendance à nous agiter, à courir dans tous les sens. On consulte beaucoup de monde avant même d'avoir prié et réfléchi. Certains vont même consulter une voyante ou un marabout, ce qui est évidemment chose à ne pas faire[3]. C'est à Dieu qu'il faut nous adresser. Et on entre en

---

3. CEC § 2115 : « Dieu peut révéler l'avenir à ses prophètes ou à d'autres saints. Cependant, l'attitude chrétienne juste consiste à s'en remettre avec confiance entre les mains de la Providence pour ce qui concerne le futur et à abandonner toute curiosité malsaine à ce propos. L'imprévoyance peut constituer un manque de responsabilité. »
§ 2116 : « Toutes les formes de divination sont à rejeter : recours à Satan ou aux démons, évocation des morts ou autres pratiques supposées à tort "dévoiler" l'avenir (cf. Dt 18, 10 ; Jr 29, 8). La consultation des horoscopes, l'astrologie, la chiromancie, l'interprétation des présages et des sorts, les phénomènes de voyance, le recours aux médiums recèlent une volonté de puissance sur le temps, sur l'histoire et finalement sur les hommes en même temps qu'un désir de se concilier les puissances cachées. Elles sont en contradiction avec l'honneur et le respect, mêlé de crainte aimante, que nous devons à Dieu seul. » Que faire si on a effectué de telles démarches ? S'en confesser auprès du prêtre. Dans certains cas, à discerner, on devra même avoir recours à une prière de délivrance.

relation avec Lui par la prière. Cette démarche n'exclut évidemment pas le recours à une aide extérieure, nous en avons parlé et en reparlerons encore, mais la prière est première.

## *Dans ta conscience, Dieu te parle*

Nous abordons ici un thème absolument fondamental pour la conduite de nos vies et dont on ne parle plus assez aujourd'hui : la conscience[4].

Voici comment le *Catéchisme de l'Église Catholique* la définit :

> « Au fond de sa conscience, l'homme découvre la présence d'une loi qu'il ne s'est pas donnée lui-même, mais à laquelle il est tenu d'obéir. Cette voix qui ne cesse de le presser d'aimer et d'accomplir le bien et d'éviter le mal, au moment opportun résonne dans l'intimité de son cœur… C'est une loi inscrite par Dieu au cœur de l'homme. La conscience est le centre le plus intime et le plus secret de l'homme, le sanctuaire où il est seul avec Dieu et où sa voix se fait entendre. »

Notre conscience est un lieu inviolable, notre jardin le plus secret, accessible seulement à Dieu et à nous-mêmes.

C'est en priant qu'on entend la voix de notre conscience.

> *« Pour toi, quand tu pries, retire-toi dans ta chambre, ferme sur toi la porte, et prie ton Père qui est là, dans le secret ; et ton Père, qui voit dans le secret, te le rendra*[5]*. »*

Mais hélas, la plupart des hommes et des femmes d'aujourd'hui, encombrés par tant de bruit et d'agitation, n'entendent plus la voix de leur conscience.

Si nous prenons la peine de l'écouter, elle est un guide

---

4. Je citerai abondamment le CEC (articles 1776 à 1789).

5. Mt 6, 6.

sûr pour notre route. Ceci est clairement exposé dans le *Catéchisme* :

> « Présente au cœur de la personne, la conscience morale lui enjoint, au moment opportun, d'accomplir le bien et d'éviter le mal. Elle juge aussi les choix concrets, approuvant ceux qui sont bons, dénonçant ceux qui sont mauvais… Quand il écoute la conscience morale, l'homme prudent peut entendre Dieu qui parle. »

Parfois, on accuse Dieu d'absence, lui reprochant de ne pas nous parler. Évidemment, Il ne nous dicte pas les bons numéros du loto, ou l'adresse e-mail de la personne que nous épouserons. Mais cependant, Il nous parle, et de bien des manières : par sa Parole, par la liturgie, par nos frères et sœurs parfois, ou même par les évènements… Et comme nous l'enseigne l'Église : quand il écoute sa conscience, l'homme peut entendre Dieu qui parle.

Mais ce n'est pas si facile d'écouter. « Mon Dieu, s'écriait un père du désert, si vous êtes partout présent, comment se fait-il que si souvent je sois ailleurs ? »

Rappelons-nous que le premier des commandements est : *« Écoute, Israël[6]. »* Or notre prière consiste bien souvent à dire : « Écoute, Seigneur, ton serviteur va parler. » Mais si on parle tout le temps, même quand on prie, comment voulez-vous que nous entendions… Or le Seigneur désire nous parler, notamment par la conscience.

> « La conscience est une loi de notre esprit, mais qui dépasse notre esprit, qui nous fait des injonctions… Elle est la messagère de Celui qui, dans le monde de la nature comme dans celui de la grâce, nous parle à travers le voile, nous instruit et nous gouverne. La conscience est le premier de tous les vicaires du Christ. »

---

6. Dt 4, 1 ; 5, 1 ; 6, 4 ; 9, 1 ; 20, 3 ; 27, 9…

Le premier de tous les vicaires du Christ ! Quand on sait que cette expression est utilisée pour désigner le successeur de Pierre, on mesure combien, pour l'Église, la conscience de chacun est considérée et respectée.

Laissons saint Augustin nous inviter, lui aussi, à écouter les profondeurs de notre cœur : « Fais retour à ta conscience, interroge-la… Retournez, frères, à l'intérieur et en tout ce que vous faites, regardez le Témoin, Dieu. »

Il serait opportun de poursuivre notre réflexion sur la conscience, qui est d'une importance capitale, particulièrement dans le contexte actuel. Je traiterai cette question dans le chapitre intitulé : « La conscience morale » (p. 159 et s.).

## *Demander à Dieu la lumière*

La prière comme lieu de discernement, c'est aussi le moment où l'on demande des lumières, pour soi-même, mais aussi pour les autres : son épouse, ses enfants, la communauté à laquelle on appartient, les responsables, ceux qui doivent prendre des décisions importantes…

Combien de fois en ai-je fait l'expérience : confronté à une question difficile ou contraint de trouver une solution à tel problème, je m'évertuais à résoudre la situation dans l'agitation ou dans une réflexion précipitée, souvent sans résultat. Mais lorsque j'ai pris la peine de m'arrêter, j'ai pu trouver une issue favorable. C'est parfois durant la messe ou les offices liturgiques que je reçois les meilleures intuitions ou les réponses à mes questions. Dans la prière et l'écoute, Dieu parle à nos cœurs. Comme disait Padre Pio : « Dans les livres, on cherche Dieu ; dans la prière, on le trouve. »

Le Psaume 68 nous exprime de manière très éclairante la valeur de la prière pour le discernement. Le roi David nous y indique les effets obtenus lorsque l'on se tient à la Face de Dieu :

Devant sa Face, nous dit ce psaume, les adversaires de Dieu sont dispersés, ses ennemis fuient, ils sont dissipés comme la fumée, ils fondent comme la cire en face du feu.

En revanche, devant sa Face, les justes sont en fête, ils exultent et dansent de joie.

Nous le savons, les justes et les impies ne sont pas toujours des personnages précis que l'on peut caser dans des catégories bien séparées et distinctes. Il y a du juste et de l'impie en chacun de nous, dans nos actions, dans nos pensées, dans nos paroles, et jusque dans nos désirs, nos attirances et nos projets. Mais nous ne le voyons pas toujours. En effet, le mal, pour nous attirer, se cache parfois sous l'apparence du bien. La tendance consiste alors souvent à orienter nos choix en fonction de nos appétences naturelles. Ce psaume nous éclaire sur une autre manière de faire : lorsqu'une pensée ou un projet naît en nous, et dont nous ne sommes pas certains de l'origine ou du bien-fondé, il suffit parfois de nous tenir à la Face de Dieu pour qu'opère le mystérieux pouvoir de sa présence : devant Lui, ce qui n'est pas de Lui ne tient pas. Comme la fumée, les idées trop humaines sont alors dissipées, celles provenant de l'adversaire dispersées. Et des projets qui nous paraissaient dans un premier temps fort séduisants s'avèrent alors sans consistance. Ils s'évanouissent et fondent comme la cire en face du feu. En revanche, ce qui est bon, vrai, beau, ce qui est conforme à l'Évangile, ce qui trouve son origine dans le Seigneur, met notre cœur dans la joie, nous pousse à l'exultation et à l'action de grâce lorsque nous nous tenons devant sa Face. Dans la prière, on pressent alors, à l'intérieur de nous-mêmes, si nos aspirations étaient mues par l'Esprit du Seigneur ou par des considérations trop égocentriques ou inspirées par l'ennemi. Cela paraît tout simple, presque trop, mais est pourtant bien réel : dans la prière, bien plus distinctement que dans l'agitation des idées, une clarté s'opère quant aux choix que nous avons à poser. Tenons-nous donc souvent, par la prière, devant la face de Dieu, et soumettons-Lui nos projets.

## 2. Deuxième étape du discernement : le rassemblement des données

Le deuxième lieu du discernement est ce qu'on appelle communément : le rassemblement des données, ou la réflexion. Il est bien évident que la prière et le don du Saint-Esprit n'excluent pas cette réflexion.

Il est important de rassembler toutes les informations nécessaires, pour, en quelque sorte, lire les signes des temps dans ma vie. Nous pouvons commencer par réfléchir seul, mais l'aide d'une autre personne sera très précieuse dans un deuxième temps. Lorsqu'on est marié, ce pourra être notre conjoint, ou un confesseur, un accompagnateur, un ami, un responsable de communauté… Bref, une personne en qui nous avons confiance et qui est de bon conseil[7].

Dans ce domaine, deux tendances s'opposent : celle de vouloir tout régler par la réflexion et le raisonnement, sans jamais s'en remettre à Dieu. En version chrétienne, cela pourrait donner : « Tu as vu, Seigneur, mon beau projet, je te prie de bien vouloir le bénir. » Ou alors : « Cœur sacré de Jésus, ayez confiance en moi ! » Attention de ne pas confondre l'œuvre pour Dieu et l'œuvre de Dieu.

L'excès inverse, pas si rare aujourd'hui, teinté d'un certain fidéisme ou de la tendance à trop « spiritualiser », est

7. *« Le chemin du fou est droit à ses propres yeux, mais le sage écoute le conseil. »* (Pr 12, 15)

d'attendre qu'on reçoive du ciel un télégramme sur lequel sera écrit en lettres d'or ce que nous avons à faire, avec qui, quand, comment, et si possible à quelle date.

Nous le saisissons bien : il nous faut trouver une voie entre ces deux excès.

« *Fides et Ratio* : la foi et la raison. » Il nous faut tenir les deux.

Dieu parle, c'est certain. Il donne parfois des signes assez éloquents, j'en parlerai plus loin, mais cela n'exclut pas du tout un sérieux travail de réflexion.

Finalement, cette étape consiste à entrer dans l'attitude indiquée par saint Paul aux chrétiens de Rome : *« Que le renouvellement de votre jugement vous transforme et vous fasse discerner quelle est la volonté de Dieu, ce qui est bon, ce qui lui plaît, ce qui est parfait*[8]. »

## *La Parole de Dieu*

Le premier critère de discernement dans notre réflexion, le plus important, est la Parole de Dieu. Se soumettre à la Parole de Dieu signifie se soumettre au Christ. Dans son homélie pour un dimanche des Rameaux, le pape Benoît XVI nous l'affirme avec force :

> « Le reconnaître comme Roi signifie : l'accepter comme Celui qui nous indique le chemin, à qui nous faisons confiance et que nous suivons. Cela signifie accepter jour après jour sa Parole comme critère valable pour notre vie. Cela signifie voir en Lui l'autorité à laquelle nous nous soumettons. Nous nous soumettons à Lui parce que son autorité est l'autorité de la vérité[9]. »

---

8. Rm 12, 2.

9. Homélie pour le dimanche des Rameaux 2007, XXIIe Journée mondiale de la Jeunesse célébrée au niveau des diocèses.

Un pasteur protestant disait qu'une Bible qui restait dans une bibliothèque, une Bible poussiéreuse, n'inquiétait pas le démon. Pour le dire autrement : posséder une Bible, c'est bien. Lire la Bible, c'est mieux, beaucoup mieux. « Dans la formation de la conscience, la Parole de Dieu est la lumière sur notre route ; il nous faut l'assimiler dans la foi et la prière, et la mettre en pratique. » Le *Catéchisme* constate aussi que « l'homme est quelquefois affronté à des situations qui rendent le jugement moral moins assuré et la décision difficile ». Nous le constatons tous : il y a des moments où les choses sont évidentes. On sait ce qu'il y a à faire et à ne pas faire. Dans d'autres circonstances, même pour des personnes familières des choses de Dieu, on ne voit pas clair. Le *Catéchisme* nous indique alors la marche à suivre : l'homme « doit toujours rechercher ce qui est juste et bon et discerner la volonté de Dieu exprimée dans la loi divine [10] ».

Dans la Bible, la volonté de Dieu est ainsi exprimée dans plusieurs domaines. Dans ces domaines, il n'est pas nécessaire de Lui demander ce que nous avons à faire, puisqu'Il nous l'a déjà dit.

Disons-le clairement : tout discernement qui contredit la Parole de Dieu doit être considéré comme faux.

Je me souviens d'un exemple révélateur, pour lequel j'ai été conduit à appliquer cela de manière assez tranchée : un jeune homme vient à la communauté, désireux de voir plus clair dans son cheminement. Il me confie alors qu'il aime une femme, elle l'aime aussi et ils souhaitent cheminer sérieusement ensemble. Jusque-là, je n'avais pas d'objection, au contraire. C'est alors qu'il m'indique que cette femme est mariée, mais que son couple bat de l'aile. « Est-ce que cet amour que nous vivons s'inscrit dans le projet de

---

10. CEC § 1785 et 1787.

Dieu ? » Sans hésiter, je lui réponds non. Le jeune homme me regarde alors avec de grands yeux, et il me dit : « Comment peux-tu affirmer cela alors que tu ne la connais même pas, tu n'es pas un devin quand même, et je l'aime, cette fille… » Je lui réponds alors que je ne mets pas en doute ses sentiments, et que j'ai conscience que ma réponse est difficile à entendre, mais que lui et son amie sont en train de faire le contraire de ce que dit la Bible : *« Tu ne commettras pas d'adultère ; tu ne convoiteras pas la femme de ton prochain*[11]. *»* Je crois que ce garçon était sincère dans sa démarche et ses sentiments, mais il n'avait pas compris que ce qui contredit ouvertement la Bible ne peut pas provenir de Dieu. Dieu ne peut se renier lui-même. Je ne sais pas ce que ce jeune est devenu et quelle suite il a donné à cette relation. Je le constate parfois : lorsqu'un accompagnateur transmet une parole exigeante, la personne qui l'a consulté ne revient plus le voir. Bien sûr, il faut de la pédagogie pour transmettre la vérité. Comme le disait un homme de Dieu : « Ce n'est pas tout de dire la vérité, encore faut-il la rendre aimable. » Mais il y a des situations où une question claire demande le courage d'une réponse claire.

Quelques années plus tard, je cite cet exemple dans une prédication. Dans l'assemblée se trouve une femme d'une quarantaine d'années, qui aspirait au mariage. Cette femme chrétienne pratiquante souffrait, tiraillée entre le sentiment qu'elle éprouvait pour un homme divorcé (donc toujours marié devant Dieu) et ses convictions. En entendant le témoignage cité ci-dessus, elle prend la décision de ne pas donner suite à cette aventure. Est-il besoin de souligner qu'elle posa là un acte particulièrement courageux car la question du mariage et de la famille se pose différemment

11. Ex 20, 2-17 et Dt 5, 6-21.

pour une femme de quarante ans que pour une de vingt-cinq. Elle me confie alors sa décision plus ou moins en ces termes : « Ce que tu as dit dans la prédication, c'est difficile à entendre pour moi, mais je dois renoncer à l'amour que je suis en train de vivre, car je perçois depuis quelque temps déjà qu'il n'est pas ajusté au plan de Dieu. Et quand ce n'est pas dans le plan de Dieu, ça porte rarement de bons fruits. » Elle était libre de continuer. Dieu nous laisse libres. Mais elle a plutôt choisi la voie de l'exigence et de la confiance. Quelques mois plus tard, elle rencontre un homme, chrétien comme elle, qui avait les mêmes aspirations. Ils sont « tombés amoureux » l'un de l'autre, et se sont mariés. Le Seigneur leur a fait don de deux enfants pour enrichir leur foyer.

Si cette femme ne s'était pas laissée bousculer par l'exigence de la Parole de Dieu et de l'enseignement de l'Église, peut-être serait-elle aujourd'hui dans un chemin très difficile. Elle a manifesté à Dieu qu'elle voulait le suivre fidèlement. Le Seigneur l'a comblée au-delà de ses attentes. Elle a pu expérimenter ce que nous dit le psalmiste : *« Mets dans le Seigneur ta réjouissance : Il t'accordera plus que les désirs de ton cœur. Remets ton sort au Seigneur, compte sur lui, il agira*[12]. *»*

La conformité avec la Parole de Dieu qui est Parole de Vie est donc le premier critère de tout discernement. L'Esprit Saint ne peut pas se contredire, l'Esprit de Dieu ne peut pas contredire la Parole de Dieu qu'Il a lui-même inspirée. On comprend ici à quel point il est important de lire et de connaître la Bible. Combien de personnes ont reçu des lumières simplement en lisant les textes que nous propose chaque jour la liturgie de l'Église.

---

12. Ps 37, 4.

## *L'enseignement de l'Église*

Ce qui est important également, c'est de ne pas faire dire à la Parole ce qui nous arrange. Il faut être prudent avec des paroles reçues hors de leur contexte. Un témoin de Jéhovah se réclame, comme nous, de la Bible. Pourtant, il dira certaines choses qui sont incompatibles avec la foi chrétienne.

Nous nous trouvons parfois dans la situation de cet Éthiopien, fonctionnaire de la reine Candace, à qui le diacre Philippe demande : *« Comprends-tu donc ce que tu lis ? »* La réponse de l'Éthiopien ne s'est pas fait attendre : *« Et comment le pourrais-je, si personne ne me guide*[13] *? »*

Pour y voir clair, il nous faut toujours tenir compte de l'enseignement de l'Église ; elle a reçu le mandat de Jésus pour interpréter la Parole de Dieu. *« Mais quand il viendra, lui, l'Esprit de vérité, il vous introduira dans la vérité tout entière ; car il ne parlera pas de lui-même, mais ce qu'il entendra, il le dira et il vous dévoilera les choses à venir*[14]. *»* La meilleure source, dans ce domaine, est le *Catéchisme de l'Église Catholique*. Ce texte est d'une très grande clarté. En outre, le lexique très détaillé nous permet de trouver rapidement réponse à bien des questions. Il est bon aussi de se tenir au courant des interventions importantes du magistère de l'Église[15]. Des temps forts de session ou de retraite spirituelle sont aussi essentiels à notre connaissance de Dieu.

Ainsi, dans les réflexions devant conduire à un discernement et une décision, il est indispensable de prendre le temps de vérifier ce qu'en dit Dieu dans sa Parole, ainsi que notre Mère l'Église, experte en humanité.

---

13. Ac 8, 27.
14. Jn 16, 13.
15. Pour se tenir au courant des discours du pape… www.zenit.org

## *Le devoir d'état*

Autre critère de réflexion important : le devoir d'état. Notre devoir d'état représente pour nous la volonté de Dieu dans notre quotidien. Qu'est-ce que le devoir d'état ? C'est ce que je dois faire par rapport à l'état dans lequel je suis engagé. Il existe un devoir d'état du prêtre, un devoir d'état de la personne mariée, du père et de la mère de famille, de l'ouvrier et du chef d'entreprise, et même des enfants... Certaines choses nous sont demandées du seul fait de l'état dans lequel nous nous trouvons.

Si un appel que je crois entendre, une chose que j'ai à cœur de réaliser, un nouveau projet, vient bouleverser ce devoir et m'empêcher de le remplir, il est plus que probable que cela n'émane pas de Dieu.

Il est très important d'en prendre conscience pour des choix professionnels, par exemple, mais également pour des engagements dans la vie associative ou ecclésiale. Notons au passage que ce ne sont pas les seuls prêtres, religieux et gens vivant dans les communautés qui doivent se donner à l'Église. Tous, nous avons une place à tenir, un service à rendre. Même les personnes malades ou âgées, nous l'avons vu, sont très précieuses par leur prière et leur offrande, parfois aussi par leur sagesse et leurs conseils. Cependant, les engagements que nous prenons doivent être compatibles avec ceux que nous avons déjà pris. Imaginons une femme qui laisserait ses enfants malades, et en grand besoin d'elle, pour aller prier ou rendre tel service. Cela ne serait pas juste. On ne doit pas quitter quelque chose qui nous est vraiment demandé pour quelque chose d'autre, même si c'est pour une bonne cause. « Pas de désolation lorsque l'obéissance vous amène à vous appliquer aux choses extérieures, disait sainte Thérèse d'Avila, si c'est à la cuisine, comprenez que le Seigneur se trouve au milieu des marmites ; il vous aide intérieurement et extérieurement[16]. »

Attention cependant à ne pas prétexter de notre devoir d'état pour justifier nos paresses et nos égoïsmes.

Je me rappelle du témoignage éclairant d'une femme très fervente. Elle aimait beaucoup le Seigneur, d'un amour authentique. Un jour, elle s'adresse à un homme de Dieu très connu pour lui faire part de son amour pour Jésus. Elle allait, lui dit-elle, presque tous les soirs dans un groupe de prière différent. L'homme de Dieu l'a sans doute encouragée pour sa ferveur et sa prière, mais l'a mise en garde contre un délaissement possible de sa famille. Elle a très bien compris et a su, par la suite, concilier les légitimes veillées de prière auxquelles elle aimait se rendre, et sa présence dans sa famille, nécessaire et appréciée.

Remarquons que, plus souvent que les œuvres de piété, ce sont les engagements professionnels (prétextés ou réels), ou les copains au café du coin qui éloignent du foyer familial.

Il arrive aussi qu'un certain ras-le-bol de ses obligations, ou une période de tension particulière dans le foyer, nous fasse fuir dans toutes sortes d'activités extérieures. Ce qui semble être alors une grande générosité ou disponibilité provient, en fait, d'une fuite de responsabilité. Les engagements en tout genre ne doivent pas être une bonne excuse pour diminuer de manière démesurée la présence à la maison ou au travail.

Ce qui prend l'apparence d'un appel peut même, parfois, faire partie de la stratégie de l'ennemi. Je m'explique : celui qui veut tout faire ne fait rien comme il faut. Le diable le sait. Certes, il nous tente parfois par des situations où l'on

---

16. *Livre des fondations*, 5.

saisit immédiatement que c'est une tentation. En principe, on le détecte, c'est comme s'il y avait un panneau « danger ». Il faut tout de même être vigilant pour ne pas tomber dedans. Mais parfois, la tentation est plus subtile, plus pernicieuse. Prenons un exemple : un homme et une femme sont dans une situation très tendue à la maison, l'épouse, par exemple est débordée. Sur ce terrain, il suffirait d'un engagement de plus de monsieur, pour que le couple soit en péril.

Les personnes de bonne volonté sont d'ailleurs très sollicitées.

Je me souviens d'un couple dont tous les deux œuvraient dans de multiples services d'Église. Ils avaient plusieurs enfants, ce qui impliquait bien du travail, surtout pour la maman. Dans son grand désir d'évangélisation, presque chaque soirée et souvent les fins de semaine, l'époux était pris pour diverses réunions ou activités. C'était bien, mais c'était trop. À tel point que l'épouse avait de la peine à suivre, et que le climat familial devenait tendu. Confrontés au critère de la Parole de Dieu, ces multiples engagements paraissaient justes. Mais au niveau du devoir d'état, ça coinçait. Tout en restant très engagés, ils ont alors compris qu'il fallait alléger le programme pour être davantage disponibles à la mission conjugale et familiale.

Ainsi, lorsque l'on est lié par les liens sacrés du mariage, chaque engagement doit être discuté en couple (voire, dans certaines situations, avec les enfants). Le conjoint dispose parfois d'éléments que nous n'avons pas et qui influencent grandement le discernement.

Il est important de tenir compte aussi du fait que la disponibilité évolue dans le temps, notamment en fonction du nombre et de l'âge des enfants.

Notons également que le devoir d'état, lorsque l'on est marié, n'est pas à vivre comme quelque chose de contraignant qui restreindrait notre disponibilité à la mission. Le devoir d'état est une mission. Vivre l'amour conjugal et éduquer chrétiennement des enfants est une mission. Jean-Paul II le rappelle dans sa lettre apostolique *Familiaris consortio* :

> « C'est pourquoi les époux chrétiens, pour accomplir dignement les devoirs de leur état, sont fortifiés et comme consacrés par un sacrement spécial ; en accomplissant leur mission conjugale et familiale avec la force de ce sacrement, pénétrés de l'Esprit du Christ qui imprègne toute leur vie de foi, d'espérance et de charité, ils parviennent de plus en plus à leur perfection personnelle et à leur sanctification mutuelle ; c'est ainsi qu'ensemble, ils contribuent à la glorification de Dieu[17]. »

C'est très beau de se dire qu'être marié et avoir des enfants est une vraie mission. Une mission pour l'Église est un bienfait pour le monde.

Ceci étant, nous rappelons que toute belle et bonne que soit cette fécondité, nous ne devons pas nous y cantonner. Dans la mesure de nos possibilités, et selon les appels du Seigneur, nous sommes appelés à nous engager dans la cité et dans l'Église. Il y a des personnes mariées qui exercent aujourd'hui un véritable apostolat d'évangélisation.

En résumé : autant que possible, soyons disponibles, dans un équilibre ajusté à notre devoir d'état et, pour les couples, dans un dialogue constructif.

---

17. N° 56.

## *Une bonne idée n'est pas toujours un appel*

Parmi les critères de discernement, il est bon de garder en mémoire qu'une bonne idée n'est pas toujours un appel. Ou, pour le dire autrement : ce que nous projetons de faire ne contribuera pas forcément à l'avancée du royaume de Dieu. Rappelons-nous la base du discernement : « Pour la gloire de Dieu et le salut du monde. » Supposons qu'une personne croie percevoir un appel à effectuer telle ou telle chose. Son idée n'est pas contraire à la Parole de Dieu, elle n'est pas non plus incompatible avec le devoir d'état, mais ce n'est peut-être pas encore ce que le Seigneur lui demande !

Un exemple : un groupe de prière décide de faire une mission dans tel lieu. Voilà une bonne idée. La mission, c'est biblique et comme les membres de ce groupe sont des jeunes sans charge de famille, ils ont du temps. Mais est-ce vraiment ce que le Seigneur leur demande ? L'endroit est-il bien choisi ? Le « terrain pastoral » favorable ? Parfois, on a de bonnes idées, mais les bonnes idées ne sont pas forcément des appels de Dieu.

C'est quand même assez subtil, reconnaissons-le ! Essayons de voir comment démêler à travers un témoignage : après une année sabbatique vécue à la communauté du Verbe de Vie, mon épouse Françoise et moi-même percevions dans notre cœur que le Seigneur nous demanderait, tôt ou tard, de Lui donner toute notre vie, d'être à son service. En attendant, nous avions repris une activité professionnelle.

À un moment donné, deux prêtres, que nous connaissions, me proposent un poste d'assistant pastoral rémunéré sur leurs deux paroisses. Être permanent laïc est évidemment compatible avec l'Évangile, un salaire pouvait être attribué à ce poste… Plusieurs feux verts s'allumaient. C'était une bonne idée, finalement. Aussi, assez spontanément, j'ai répondu positivement. Mais dans mon cœur, je me disais : « Est-ce bien cela que le Seigneur veut ? Est-ce bien cela que je désire profondément ? » J'étais un peu troublé, Françoise également.

À partir de là, je suis allé rencontrer d'autres personnes qui exerçaient ce ministère dans différentes paroisses de mon diocèse. Et plus je dialoguais avec elles, plus je me disais : c'est un très beau ministère, mais je ne crois pas que ce soit pour moi. Avec mon épouse, nous avons alors décidé de remettre en question cette quasi-décision. Nous avons convenu que nous n'en parlerions plus durant une semaine, mais que chacun de son côté consignerait par écrit tout ce qui concernait ce discernement, aussi bien les intuitions reçues dans la prière que les réflexions… Nous avons fait deux colonnes : une pour les raisons de dire oui, une pour les raisons de dire non. Cette manière de faire est très éclairante, car elle permet de peser le pour et le contre, d'identifier les avantages et les inconvénients, de déceler les raisons qui pourraient nous faire pencher dans un sens ou dans un autre.

À la fin de la semaine, en comparant nos deux grilles, nous nous sommes aperçu que ressortait nettement un désir de vie de prière intense, d'évangélisation par l'annonce explicite de la Parole de Dieu, et de profonde vie fraternelle. Nous avions déjà expérimenté ces dimensions durant l'année sabbatique que nous avions vécue. À partir de là, les choses sont devenues claires. Nous avons compris que nous portions un appel à la vie communautaire. Et trois mois plus tard, nous sommes entrés au Verbe de Vie. Dieu s'est servi de la demande de ces deux prêtres pour nous pousser à une réflexion sur notre vocation. Quand à eux, ils ont trouvé une autre personne plus adaptée que moi pour ce service pastoral.

S'il ne faut pas toujours repousser un appel à plus tard, il faut aussi savoir prendre le temps de prier, réfléchir et demander conseil.

## *Relire mon histoire avec Dieu*

Autre piste de réflexion : relire mon histoire avec Dieu. Nous sommes tous différents, mais Dieu nous connaît personnellement. Et même s'il y a des critères objectifs et communs, le Seigneur dans sa grande bonté a une pédagogie particulière, adaptée à chacun d'entre nous.

Ceci apparaît nettement dans la Parole de Dieu. Le Seigneur n'a pas rejoint le prophète Élie de la même manière qu'Il a rejoint saint Paul. À tempéraments différents, révélation différente. Le Seigneur avertit Élie qu'Il va se manifester à lui.

> *« Il y eut un grand ouragan, si fort qu'il fendait les montagnes et brisait les rochers, en avant du Seigneur, mais le Seigneur n'était pas dans l'ouragan ; et après l'ouragan un tremblement de terre, mais le Seigneur n'était pas dans le tremblement de terre ; et après le tremblement de terre un feu, mais le Seigneur n'était pas dans le feu ; et après le feu, le bruit d'une brise légère[18]. »*

C'est dans le bruissement d'une brise légère que le Seigneur s'est manifesté à Élie. Pensez-vous que cela aurait été adapté à celui qui est devenu saint Paul ? Avec son tempérament bien trempé, il ne l'aurait probablement pas entendu. Et pourtant, le Seigneur voulait aussi se manifester à lui. Alors, il adapte les moyens ! Une lumière venue du ciel, une voix qui l'interpelle fermement, la chute à terre, une cécité

---

18. 1 R 19, 11.

provisoire et trois jours sans manger ni boire. Il fallait bien ça pour Saul. Et il est devenu le grand saint Paul[19] !

Où est-ce que je veux en venir ? À mon sens, un des critères de discernement est de faire mémoire de la manière dont Dieu s'y est pris avec moi quand Il a voulu me faire comprendre quelque chose. Quel est le langage que Dieu utilise habituellement lorsqu'Il vous parle ? Vous pouvez le détecter en faisant une relecture des quelques évènements de votre vie pour lesquels vous êtes certains que c'est le Seigneur qui vous a conduits.

Le cardinal Ratzinger, avant qu'il ne soit élu Pape, nous a donné des pistes intéressantes sur ce sujet dans un livre de conversations avec le journaliste Peter Seewald[20]. Celui-ci lui demande : « Existe-t-il une langue utilisée par Dieu pour nous dire de manière tout à fait concrète : “Oui, fais-le !” ou précisément : “Halte là ! Dernier avertissement ! Il vaudrait mieux laisser tomber !” ? » Réponse du cardinal Ratzinger : « Dieu parle à voix basse. Mais il y a beaucoup de signes. C'est justement après coup qu'on peut reconnaître que, par des amis, par un livre ou encore par un soi-disant échec ou même par un accident, Il nous a donné une petite estocade. D'ailleurs, la vie est pleine de ces indications presque imperceptibles. » Et il continue en disant : « Petit à petit, si je reste attentif, il s'en dégage un tout et je commence à percevoir comment Dieu me conduit. »

Jésus nous dit, en parlant du Bon Pasteur :

*« Les brebis le suivent, parce qu'elles connaissent sa voix. Elles ne suivront pas un étranger ; elles le fuiront au contraire, parce qu'elles ne connaissent pas la voix des étran-*

---

19. Cf. Ac 9.
20. Cardinal Joseph Ratzinger, *Voici quel est notre Dieu*, Plon/Mame, p. 12.

*gers... Mes brebis écoutent ma voix, je les connais et elles me suivent*[21]. »

## *Quel est le cri que j'entends ?*

Quel est le cri que j'entends ? Voilà une autre piste qui peut nous aider dans notre réflexion. Il y a tellement de misères à soulager, de personnes à aider, de bonnes choses à faire... qu'on ne sait plus, parfois, à quelle cause se donner. Une question peut alors nous aider : qu'est-ce qui me fait le plus mal dans la misère du monde ? Qu'est-ce qui me semble le plus important dans les enjeux actuels de la société ? Ce cri qui retentit en nous est parfois un appel de Dieu.

*« J'ai vu la misère de mon peuple et son cri est venu jusqu'à moi*[22] *»,* dit le Seigneur. Et Dieu passe par des hommes et des femmes pour soulager ces misères.

Je percevrai alors dans mon cœur de quelle manière je peux agir ou aider. Quel ministère correspond le mieux aux causes que je veux servir ? Le soin des malades ? L'évangélisation ? Pouvons-nous supporter que tant d'hommes et de femmes, même baptisés, ne sachent pas de quel Amour ils sont aimés ? Le service de la vérité ? La pastorale en paroisse ? La contemplation ?...

Est-ce que je souhaite faire un don financier ? On est souvent très sollicités, on ne peut donner à tous. Quelle est alors la pauvreté que je me sens appelé à soulager, ou la cause à encourager ? Quel est le manque que je perçois avec le plus d'acuité ?

Ce principe est également valable pour orienter une vocation. De même pour un engagement dans la cité : suis-je

---

21. Jn 10.
22. 1S 9, 17 ; voir aussi Ex 3, 7.

interpellé à m'engager pour la justice sociale ? Pour la protection de la vie ? Dans la recherche médicale ? Il y a également urgence que des chrétiens s'engagent en politique. Il y a normalement une cause qui, pour moi, crie plus fort que les autres. Le cri qui retentit le plus intensément dans les oreilles de mon cœur est souvent un écho de l'appel de Dieu sur moi.

Pour que cette piste de réflexion porte son fruit, il importe d'orienter nos choix en vue des autres. Les statistiques démontrent que le critère numéro un lors d'un choix quelconque est l'épanouissement personnel, si possible immédiat. Pour le chrétien, il ne doit pas en être ainsi. La recherche de soi n'est pas souvent mue par l'Esprit de Dieu. L'Amour, en effet, nous pousse à agir en faveur des autres. En conséquence, lorsque nous prenons un engagement, celui-ci ne doit pas être pris d'abord en vue de notre propre épanouissement, mais en vue du service. Ce faisant, l'expérience montre que l'on y trouve beaucoup de joie et une satisfaction souvent inattendue. Cependant, la joie et l'épanouissement seront une conséquence de mon engagement et non le but à rechercher.

> *« Qui veut en effet sauver sa vie la perdra, mais qui perdra sa vie à cause de moi la trouvera* [23]. »

Lors d'une homélie, déjà citée, le pape Benoît XVI présente aux jeunes cette voie exigeante avec une grande audace :

> « [Suivre le Christ] exige que je ne sois plus enfermé dans mon moi, considérant mon propre épanouissement comme ma principale raison de vivre. Cela exige que je me donne librement à un Autre – pour la vérité, pour l'amour, pour Dieu qui, en Jésus-Christ, me précède et m'indique le chemin. Il

23. Mt 16, 25 ; Mc 8, 35.

s'agit de la décision fondamentale de ne plus considérer l'utilité et le gain, la carrière et le succès comme but ultime de ma vie, mais de reconnaître en revanche la vérité et l'amour comme critères authentiques. Il s'agit du choix entre vivre uniquement pour moi-même ou me donner – pour la chose la plus grande. Et il faut bien considérer que la vérité et l'amour ne sont pas des valeurs abstraites ; en Jésus-Christ, elles sont devenues personne. En Le suivant, j'entre au service de la vérité et de l'amour. En me perdant, je me retrouve[24]. »

## 3. Troisième étape du discernement : la confirmation du jugement

Nous voici arrivés à la troisième étape de ce processus de discernement : la confirmation du jugement. Si, pour des objets de peu d'importance, il faut s'en remettre à son bon sens spirituel et par conséquent ne pas forcément attendre de confirmation pour agir, il est en revanche bon d'opérer une vérification pour les choses plus importantes. Cette confirmation, ou au contraire le démenti du jugement, peut venir soit de l'extérieur de nous-mêmes, soit de l'intérieur, souvent des deux.

Il est prudent de se faire confirmer, même si tous les feux semblent au vert.

C'est un chemin d'humilité qui atteste qu'il n'y a pas, dans votre discernement, une recherche centrée sur vous-même, mais bien un désir de faire la volonté de Dieu.

---

24. Homélie pour le dimanche des Rameaux 2007, XXII$^{e}$ Journée mondiale de la Jeunesse célébrée au niveau des diocèses.

## *La confirmation extérieure*

Il y a des situations où l'Église, par certains de ses membres, est véritablement acteur du discernement que je dois poser. C'est le cas, par exemple, pour un appel à la prêtrise, au diaconat ou à la vie religieuse. Dans d'autres situations, elle intervient uniquement pour la confirmation du jugement. Quel visage peut prendre cette vérification ? Elle peut émaner de la communauté à laquelle nous appartenons ou à laquelle nous sommes affiliés, communauté familiale, paroissiale… Elle peut être aussi du père évêque, du curé de la paroisse, du confesseur ou accompagnateur spirituel, voire du chef d'entreprise…

Permettez-moi de donner ici un petit témoignage personnel qui illustre, je pense, l'importance de la confirmation. Il y a quelques années, la responsable de notre maison communautaire d'Andecy me demande d'animer une récollection sur la louange. La récollection fut très belle, le Saint-Esprit a soufflé avec puissance. Quelques jours plus tard, un participant m'envoie le texte écrit des prédications.

Là, l'idée d'un livre sur le sujet m'a traversé l'esprit. Mais aussitôt, j'ai classé cette pensée au registre des tentations d'orgueil. Pourtant, cette pensée continuait de me « titiller ». Ayant reçu plusieurs signes allant dans ce sens, j'ai alors supposé que le Seigneur m'invitait à le faire, que c'était un appel de sa part. J'en ai alors parlé à mon responsable – et c'est là qu'intervient la phase confirmation du jugement – soit pour me débarrasser de cette idée, soit pour ne pas risquer de passer à côté d'un appel de Dieu. Mon attitude intérieure était la suivante : s'il me dit « oui », c'est oui ; s'il me dit « non », c'est non. Je m'attendais à ce qu'il me suggère de voir, d'attendre, de lui laisser du temps pour réfléchir… Sa réponse a été fulgurante : « C'est du

Seigneur, vas-y ! » Confirmé, je dirais même conforté par cet envoi, j'ai repris le texte et, encouragé par l'éditeur (autre confirmation), j'ai publié.

Les répercussions ont dépassé toute attente : multiples rééditions et traductions en langues étrangères, témoignages assez bouleversants qui me parviennent, invitations à prêcher sur ce thème... Si je partage cela, ce n'est pas pour me raconter ou revendiquer un quelconque succès personnel. Dieu sait que je Lui attribue cette fécondité. Mais c'est une invitation pour chacun de vous, lecteurs, à être bien à l'écoute de l'Esprit, même s'Il vous pousse parfois dans des chemins surprenants ou imprévus, et à ne pas avoir peur de soumettre vos projets. Si cela vient de Dieu, les portes s'ouvriront. Et si ce n'est pas de Lui, à quoi bon s'engager ?

## *L'obéissance confiante*

L'obéissance confiante est également un critère de confirmation.

Parfois, un appel se précise dans le temps. Cette attitude d'obéissance va permettre à la situation de se décanter, ou à la personne ressentant un désir ou un appel de mûrir.

Tout le monde connaît la bienheureuse Mère Teresa de Calcutta. Cette sœur était religieuse dans une congrégation enseignante en Inde. Les membres de cette communauté avaient, parmi leurs élèves, des filles de condition aisée. Il est important de s'occuper des pauvres, mais il faut aussi s'occuper des personnes d'autres classes sociales. C'est un grand service rendu, parce que notre société a besoin qu'une partie au moins des élites de demain soit christianisée.

Le 10 septembre 1946, en route pour sa retraite annuelle, Mère Teresa entend le cri bouleversant d'un pauvre : « J'ai soif, j'ai soif ! » Quel est ce cri ? Elle percevait, dans le cri de ce pauvre, le « J'ai soif ! » de Jésus en croix. Nous avons vu qu'un appel extérieur peut être un critère de discernement. Ce cri fut pour elle une *inspiration*, un *appel dans l'appel*. Ce jour-là, d'une manière toute nouvelle, se révéla en elle la soif d'aimer de Jésus et sa soif pour les âmes. À partir de cette expérience décisive, elle ressentit un appel très fort à s'occuper des plus pauvres parmi les plus pauvres. Mais elle était déjà engagée dans une congrégation religieuse ayant une tout autre mission. En principe, il y avait incompatibilité. Elle en parla à ses supérieurs et à son évêque. Ceux-ci, connaissant la sœur, savaient bien qu'on ne pouvait pas la soupçonner d'idées farfelues. Pourtant, ils lui demandèrent d'attendre, et d'attendre encore. Un appel, ça se vérifie et, bien souvent, ça s'éprouve. D'autant plus dans la situation de cette religieuse déjà engagée dans sa communauté. Presque deux ans d'épreuves et de discernement passèrent avant que Mère Teresa ne reçoive la permission de commencer. Sœur Teresa a obéi. Cette obéissance a été source d'une grande bénédiction : lorsque le moment est venu, le Seigneur l'a envoyée et la petite sœur, qui commença toute seule à soigner les pauvres, est devenue la bienheureuse Mère Teresa. Elle a fondé un des plus grands ordres religieux du XX^e^ siècle, « les Missionnaires de la Charité », qui comprend plusieurs branches, féminines et masculines. Son travail fut honoré par de nombreux prix, notamment le Prix Nobel de la Paix en 1979. Elle reçut tout cela « pour la gloire de Dieu et au nom des pauvres ».

Dans l'histoire de l'Église, on rencontre des hommes de Dieu qui ont eu des idées novatrices. Certains sont allés dans la mauvaise direction, refusant d'entendre les mises en garde du magistère, ce qui a pu causer de grands dommages. À d'autres, on a dit, en substance : « Vous pouvez continuer de travailler, mais ne publiez pas vos recherches. » Cela a parfois été cause de souffrance, ils souhaitaient sans doute faire part au peuple de Dieu ou aux théologiens du fruit de leurs travaux. Mais ils ont obéi. Et certains d'entre eux, quelques années plus tard, ont été nommés cardinaux et ont joué un rôle décisif dans l'Église.

Il y a des centaines d'exemples comme ceux-là. On en trouve aussi chez les mystiques ou les personnes favorisées de grâces particulières. L'obéissance porte toujours du fruit. Elle peut éviter bien des égarements, et atteste que le désir qui nous habite, plus encore que de réaliser un beau projet, est de marcher dans les voies du Seigneur et de l'Église. En ce sens, l'obéissance est un critère de confirmation décisif.

Alors que, à une demande, je m'étais vu opposer initialement une certaine hésitation, un responsable m'indiqua par la suite que lorsque l'on met un barrage sur un cours d'eau, ce n'est pas forcément pour l'empêcher de passer, mais pour faire monter le niveau. Ainsi, l'appel, si appel il y a, va s'approfondir, se préciser, se clarifier.

## *La confirmation intérieure : la paix profonde*

Premiers signes de confirmation intérieure : la paix et la joie. Ordinairement, un discernement juste est accompagné d'une paix profonde, d'un contentement, d'une satisfaction, de la tranquille certitude que l'on a répondu à l'appel de Dieu.

Le père Dhôtel, dans un ouvrage déjà cité[25], nous indique les raisons de cette paix et de cette joie : « Le critère ultime est la paix et la joie qui signifient la fin du combat entre les forces adverses, l'unification du cœur et la concentration du

---

25. *Discerner ensemble,* guide pratique du discernement communautaire, supplément à Vie chrétienne 309, p. 52.

désir vers une réalisation concrète. » Il nous indique également que ces dispositions nous poussent à une décision d'action : on perçoit alors « une joie dynamique qui pousse à entreprendre et qui met en route, comme la Vierge Marie après l'Annonciation ou les apôtres après la Résurrection ».

Contentement, satisfaction, paix, tranquillité intérieure, calme, repos intérieur, rendent donc témoignage à la rectitude d'un discernement bien fait. Mais ici encore, il faut de la finesse. Il ne faut pas confondre la paix de Dieu avec un vague sentiment de bien-être physique ou psychologique. Dans un de ses livres, un moine donne le témoignage d'une femme qui disait se trouver dans une paix merveilleuse alors qu'elle trompait son mari[26].

Pour que l'on puisse parler de confirmation selon ce qui est décrit ci-dessus, cette paix doit être éprouvée non pas dans la tête d'abord, mais dans le cœur. Ce qui fait que la paix et la joie du cœur peuvent aller de pair avec une réelle répugnance au niveau des idées. Parfois, le « oui » que nous avons à dire s'apparente à celui de Jésus à Gethsémani.

Je me souviens d'une religieuse rencontrée à Lourdes en 1988. Cette sœur exerçait un service important dans sa communauté. Elle donnait son témoignage à un groupe de jeunes. J'étais là et j'écoutais... « Je sentais bien que le Seigneur m'appelait à la vie consacrée, mais je n'en avais pas envie. Alors, je me battais contre cet appel... Je me suis battue durant sept ans. Jusqu'au jour où, de guerre lasse, j'ai dit oui ! » Sans doute y avait-il de l'amour dans son oui. Sinon, elle ne se serait pas battue aussi longtemps. Elle aurait évacué cette affaire, point à la ligne. Mais elle a dit oui. « J'ai dit oui, je savais que j'étais appelée à la vie consacrée et

---

26. Père Philippe, o.s.b., *Afin que vous portiez beaucoup de fruits* II, p. 167.

depuis lors, je ressens une paix du cœur qui ne m'a jamais plus quittée. » Ce n'était pas forcément son projet initial. Au niveau de la tête, ça devait encore chahuter… Mais le Seigneur avait préparé son cœur. Elle pouvait donc goûter la paix et la joie de celui qui entre dans la volonté de son Seigneur.

Certaines fois, on peut éprouver un grand désir de ce que le Seigneur nous demande, même au niveau des idées. Mais dans d'autres circonstances, ce n'est pas le cas. C'est par une certitude intérieure, une conviction profonde que l'on reconnaît alors un véritable appel. Cette certitude, et plus encore une réponse généreuse pénétrée d'un amour oblatif, sont sources d'une grande paix. Cette paix atteste de la conformité au plan divin de la décision prise. « Je n'en ai pas trop envie, mais je sais que tu me le demandes, alors, par amour pour toi, je te dis oui ! »

Après la Résurrection, lorsque Jésus apparaît aux disciples près du lac de Tibériade et qu'il eût demandé par trois fois à Pierre si celui-ci l'aimait, Pierre répondit : *« Seigneur, tu sais tout, tu sais bien que je t'aime. »*

Jésus lui dit alors : *« Pais mes brebis. En vérité, en vérité, je te le dis, quand tu étais jeune, tu mettais toi-même ta ceinture, et tu allais où tu voulais ; quand tu auras vieilli, tu étendras les mains, et un autre te ceindra et te mènera où tu ne voudrais pas*[27]*. »* C'est un peu difficile à accepter, mais il arrive que Dieu ait des demandes que nous n'avions pas prévues ou des propositions que nous ne choisirions pas. Pourtant, la paix intérieure que connaissent ceux qui répondent oui à ces appels qui les dépassent un peu atteste qu'il s'agit bien d'une invitation provenant du Seigneur. Cette

27. Jn 21.

paix est un don de Dieu, un fruit de l'Esprit[28]. Elle découle aussi du contentement d'avoir entendu l'appel de Dieu et d'y avoir répondu.

## *Le trouble intérieur*

Le trouble intérieur est un peu comme un feu rouge, un signal d'alarme. Toute personne qui reste inquiète, troublée après un discernement doit être bien attentive. Mon épouse et moi-même avions ressenti cela dans l'épisode, relaté ci-dessus, où je pensais m'engager comme assistant pastoral laïc. C'était un beau projet, et même un beau service d'Église, mais ce n'était pas un appel. Dieu nous attendait ailleurs.

Si on est vraiment troublé intérieurement, il est bon de reconsidérer sa décision.

Cependant, une certaine peur peut demeurer. Le fait que vous ayez peur de ce qui vous est demandé n'indique pas forcément que ce n'est pas un appel. La plupart des grands appelés de la Bible, Moïse, Jérémie, Isaïe et d'autres encore ont eu une première réaction de peur. Cette peur s'exprime différemment selon la personnalité de chacun, mais la réaction commune s'apparente à un sentiment d'incapacité : « Je ne peux pas, je ne suis pas capable ! » Pourquoi ? Parce que Dieu nous demande souvent des choses qui nous dépassent. Je crois me souvenir que sainte Thérèse d'Avila indique qu'un appel éprouvé sans une certaine crainte n'est pas un appel vrai. Mère Teresa quant à elle disait : « Donnez-vous entièrement à Dieu, Il se servira de vous pour faire de grandes choses, à condition que vous croyez plus à son

---

28. Ga 5, 22 : *« Mais le fruit de l'Esprit est charité, joie, paix, longanimité, serviabilité, bonté, confiance dans les autres, douceur, maîtrise de soi. »*

amour qu'à votre propre faiblesse. »

Le bon sens nous indique aussi que si ce qui est proposé nous écrase, si la chose, même avec un regard de foi, nous dépasse complètement, engendrant là encore un trouble important, il est probable que ce ne soit pas un appel. N'importe quel homme, même avec la grâce de Dieu, ne peut pas exercer n'importe quelle fonction. L'appel s'adapte à ce que nous sommes vraiment en profondeur et à nos capacités. Comme le dit saint Thomas d'Aquin : « La grâce ne détruit pas la nature, mais la parfait[29]. »

Ici encore, le recours à l'accompagnement spirituel sera d'un grand profit.

## *La toison de Gédéon*

Peut-on demander des signes pour confirmer le discernement ? Oui, dans certaines situations, on peut demander un signe au Seigneur, mais toujours avec humilité et dans le souci de rechercher la volonté de Dieu. Exemple : quelques hommes décident qu'il faut construire une école chrétienne. Ce discernement est conforme à la Parole de Dieu, au bien du royaume et aux besoins de la communauté. Mais l'argent manque. Faut-il se lancer, oui ou non ? Si c'est vraiment le plan de Dieu, l'argent viendra car Dieu pourvoira, mais si c'est simplement une bonne idée humaine, il pourrait y avoir quelques problèmes. Ces hommes pensent honnêtement faire la volonté de Dieu, mais ils n'en sont pas tout à fait certains. Dans une telle situation, ils peuvent demander un signe de confirmation.

Une célèbre histoire biblique nous parle d'un homme qui

---

29. *Somme Théologique,* I Qu.1 a.8.

demanda un signe au Seigneur. Il voulait en effet être certain de faire sa volonté. Cet homme s'appelait Gédéon[30]. Il vivait à l'époque des Juges, c'est-à-dire lors de l'installation en Canaan, avant l'instauration de la royauté en Israël. À cette époque, le Seigneur avait mis, à la tête du peuple, des hommes qu'on appelait des juges, ils étaient là pour faire appliquer la loi de Dieu. En lisant ces récits, on a un peu l'impression d'un moteur à quatre temps :

- Péché du peuple, infidélité, tentation de se tourner vers les idoles ;
- Châtiment, l'oppression et le malheur sévissent ;
- Repentir du peuple, mouvement de conversion, de retour vers Dieu ;
- Salut ou délivrance procurés par un juge, sorte de héros envoyé par Dieu. Et dès que ça va un petit peu mieux… l'infidélité recommence.

Finalement, nous sommes parfois comme ce peuple : dès que commencent les ennuis, on crie vers Dieu et dès qu'ils se règlent, on a tendance à l'oublier… Bref, c'est dans ce contexte que le Seigneur appelle Gédéon. Et Gédéon, comme la plupart des appelés, a un énorme doute, d'autant plus que le Seigneur lui dit : *« Debout, vaillant guerrier ! »* Comme il ne correspond pas tout à fait au descriptif, il pense que le Seigneur s'est trompé d'adresse. *« Pardon, mon Seigneur ! lui répondit Gédéon, comment sauverais-je Israël ? Mon clan est le plus pauvre en Manassé et moi, je suis le dernier dans la maison de mon père. »* Mais le Seigneur confirme : c'est bien lui qui est appelé. Alors Gédéon, dans son désir de ne pas se tromper, demande un signe au Seigneur.

> *« Gédéon dit à Dieu : "Si vraiment tu veux délivrer Israël par ma main, comme tu l'as dit, voici que j'étends sur l'aire une toison de laine : s'il y a de la rosée seulement sur la toison et*

30. Jg 6.

*que le sol reste sec, alors je saurai que tu délivreras Israël par ma main, comme tu l'as dit." Et il en fut ainsi. Gédéon se leva le lendemain de bon matin, il pressa la toison et, de la toison, il exprima la rosée, une pleine coupe d'eau. Gédéon dit encore à Dieu : "Ne t'irrite pas contre moi si je parle encore une fois. Permets que je fasse une dernière fois l'épreuve de la toison : qu'il n'y ait de sec que la seule toison et qu'il y ait de la rosée sur tout le sol !" Et Dieu fit ainsi en cette nuit-là. La toison seule resta sèche et il y eut de la rosée sur tout le sol. »*

Une fois le signe accordé, la confirmation reçue, Gédéon se met en route et accomplit sa mission. Il y va avec la certitude que c'est la volonté de Dieu.

On peut donc, dans des cas particuliers, demander un signe de confirmation. Il n'est d'ailleurs pas si rare que le Seigneur conduise une personne de manière vraiment claire, avec des signes tangibles, extraordinaires. On le voit par exemple dans les Actes des apôtres, dans la vie des saints, mais aussi chez des personnes vivant aujourd'hui.

Il ne faut pas, tel Achaz dans le livre d'Isaïe, dénigrer de tels signes[31]. Cependant, il ne convient pas non plus d'en faire une recherche téméraire. Attention aux abus. La tentation existe de demander des signes pour tout et pour rien. Cela peut manifester un certain infantilisme, étranger à la part de responsabilité que Dieu confie à l'homme. Cette attitude traduit parfois un manque de courage dans la prise de décision.

Voir des signes partout, surtout lorsqu'ils vont dans le sens qui nous arrange, est aussi excessif. Le Seigneur marche à nos côtés. Il nous inspire et nous conduit, mais nous invite aussi à être responsable et à assumer nos décisions.

31. Is 7, 10-14.

Chapitre cinquième

# *DISCERNER, CHOISIR, SE DÉCIDER DANS LA VIE COURANTE*

## *Pas facile de décider*

Après avoir abordé le discernement des grandes orientations, nous allons maintenant réfléchir sur la manière de nous déterminer dans la vie courante.

Un des axes fondamentaux de ce livre réside dans quelques mots tout simples : discerner, choisir, décider, se décider.

Souvent, je le constate, nous sommes désemparés, incapables de choisir, de savoir ce qui est bien ou ce qui est mieux. Que ce soit pour un choix décisif comme celui du mariage ou d'une vocation religieuse (quand on accepte de se poser la question), d'un métier, voire d'un hobby, de l'engagement dans les domaines associatifs ou caritatifs, en Église ou en politique, ou même pour des choix plus anodins, beaucoup peinent à se décider.

Le temps qui s'écoule entre idée, projet, sollicitation, décision et engagement est plus souvent dû à l'indécision qu'à la saine réflexion. Je suis surpris de voir parfois des hommes et des femmes adultes n'arrivant pas à se décider pour certaines choses. Ils hésitent à faire le pas, à plonger.

Un exemple parmi tant d'autres : il n'y a pas si longtemps, lorsqu'un jeune arrivait à sa majorité ou à une certaine autonomie financière, il n'avait qu'une idée en tête, celle de quitter le foyer ou le « cocon » familial. Non pas d'abord pour fuir l'entourage familial, bien que parfois ce fût le cas, mais plutôt pour essayer de se lancer dans la vie, de voler de ses propres ailes, d'accéder enfin à la maturité en acceptant de quitter la dépendance envers ses parents pour inaugurer l'autonomie qui est le propre des adultes. Cette nouvelle étape n'est pas absence d'amour et d'affection vis-à-vis de ses parents, mais transformation de cette relation. Certains psychologues vous diront même que des enfants capables de partir faire leur vie attestent que les parents ont réussi leur éducation à l'autonomie. Aujourd'hui, au contraire, de très nombreux jeunes restent le plus longtemps possible avec leurs parents. Je n'affirme pas que ce soit faux ou mal, je n'ai pas à le juger, d'ailleurs. Mais je le constate. Parfois, les études se prolongeant, il y a nécessité financière. La sécurité affective joue aussi, les parents entretenant un peu ce « cocooning » et les jeunes adultes se lovant dans cette couette morale qui atténue la dureté du monde extérieur. Cependant, ces deux raisons n'expliquent certainement pas à elles seules ce phénomène.

Ce fait de société a été résumé de la manière suivante dans un article de presse : « De plus en plus de jeunes hésitent à quitter le cocon familial, ils craignent le monde qu'ils vont devoir affronter. Mais les parents n'ont pas toujours envie qu'ils partent. »

L'une des raisons réside dans l'incapacité à se décider, à choisir, à prendre des risques, à perdre certains avantages. Il y a, et c'est flagrant aujourd'hui, un manque d'audace pour se lancer dans la vie. Quelle en est la cause ? Elles sont certainement multiples. Mais parmi elles, à coup sûr, on trouve le manque de préparation à affronter les difficultés, et un manque d'espérance. Ces dernières raisons doivent également nous remettre en question, nous les adultes. La surprotection peut inhiber la croissance psychologique, retardant ainsi la formation au stade d'adulte. Par ailleurs, savons-nous transmettre aux jeunes une vision du monde, de la vie, de la société et de l'avenir, empreinte d'espérance ? Il est vrai que l'optimisme béat n'a pas grand-chose à voir avec l'espérance chrétienne, mais la peur ou une vision de l'avenir hors de la certitude que Jésus est l'Alpha et l'Oméga[1] de l'histoire, non plus.

Bref, cette sorte de vertige devant une décision à prendre, les psychologues et autres sociologues peuvent lui donner un nom et en dresser une liste : indétermination, manque de décision, peur de s'engager...

Je pense pour ma part que, dans le monde du travail, la capacité à prendre des décisions de manière réfléchie deviendra aussi importante que les compétences professionnelles.

## *Qu'ai-je fait de ma vie ?*

Je me souviens d'une B.D. lue vers la fin de l'adolescence. Dès la première page, le dessinateur nous présentait le héros de l'histoire faisant le point sur sa vie : « Dix-huit ans. J'ai dix-huit ans et qu'ai-je fait de ma vie ? Rien ! Si j'avais persévéré dans mes cours de guitare, je jouerais convenablement... » La suite de la B.D. n'était pas très ajustée au message chrétien, mais n'empêche que l'interrogation de ce jeune homme est intéressante. Il faisait le

---

1. *« Oui, Amen ! Je suis l'Alpha et l'Oméga, dit le Seigneur Dieu, "Il est, Il était et Il vient", le Maître-de-tout. »* (Ap 1, 8) ; *« Je suis l'Alpha et l'Oméga, le Premier et le Dernier, le Principe et la Fin. »* (Ap 22, 13)

constat que son manque de décision et l'absence de persévérance lui avaient fait perdre pas mal de temps. Il risquait, s'il continuait dans cette voie-là, de passer à côté de sa vie. Il avait la lucidité de le déplorer. À dix-huit ans, passe encore, mais à vingt-cinq, trente ou quarante ans, et même plus tard, cela devient très dommageable. Là encore, il ne s'agit pas de juger qui que ce soit, mais d'aider à une prise de conscience, qui, avec la grâce de Dieu et dans l'idéal, serait suivie d'une réaction qui pourrait être salutaire.

## *Last minute*

Cette indécision prend parfois d'autres visages : celui du *last minute* (dernière minute), du *just in time* (juste à temps) et autres attitudes du genre. On choisit, bien souvent, davantage d'après une émotion ou un coup de cœur qu'après mûre réflexion ; et on choisit en vue d'un assouvissement dans l'instantané et l'immédiateté.

Le responsable général d'une communauté nous confiait récemment son souci d'organisateur : « Nous avions planifié un week-end pour quatre cents personnes. C'est à peu près le nombre que nous avions lors des précédentes éditions. Seules trente s'inscrivent. Beaucoup d'autres viennent sans s'inscrire. Lorsque nous leur avons demandé pourquoi ils ne s'étaient pas annoncés, la réponse tomba, déroutante : "Si huit jours avant, on trouve quelque chose de mieux, on y va !" »

Et si l'on consultait un peu plus le Seigneur pour voir ce qu'Il en pense ?

## *Toujours plus !*

Chaque homme a besoin de détente, de loisirs. Il en existe de très sains et de très divertissants. Comment alors discerner ceux qui nous édifient, distinguer les vraies des fausses joies ? Le père Pinckaers, dominicain et théologien moraliste, nous en parle avec des mots qui réveillent en nous le désir de la vraie joie, tant nous sentons qu'ils sonnent justes : « Il est des joies intérieures, cachées, secrètes, des joies calmes, sereines, naïves et fraîches, ces joies paisibles et profondes sont d'habitude les plus durables. »

Les fausses joies, quant à elles, s'appuient bien souvent sur des choses passagères ou des sentiments exagérés et fabriqués. Elles dépendent presque uniquement des conditions extérieures. Elles sont donc sujettes à des variations continuelles, puisqu'elles découlent des circonstances qui les font naître. Il suffit que les circonstances disparaissent pour que la personne retombe dans la tristesse.

Certaines personnes ou entreprises peu scrupuleuses se servent de la soif de bonheur qui habite tout homme pour le conduire vers des citernes lézardées [2]. Elles mettent ainsi en place, consciemment ou non, de véritables structures de péché ne favorisant que la satisfaction des instincts par la proposition de plaisirs immédiats et en tous genres. La preuve : il en faut toujours plus. Évidemment, le « toujours plus » proposé s'entretient par une recherche cupide et lucrative.

Dans son homélie pour un premier dimanche de Carême, le père Cantalamessa tirait un parallèle entre l'attitude du Pharaon qui opprimait les Hébreux [3] et certaines autres formes d'assujettissement exercées aujourd'hui : *« Qu'on alourdisse le travail de ces gens* – disait le pharaon, à propos des Juifs, à ses ministres – *qu'ils le fassent et ne*

---

2. Jr 2, 13 : *« Ils m'ont abandonné, moi la source d'eau vive, pour se creuser des citernes, citernes lézardées qui ne tiennent pas l'eau. »*

3. Cf. Ex 5, 9.

*prêtent plus attention aux paroles de Moïse, et ne pensent pas à se soustraire à l'esclavage.* » Les « pharaons » d'aujourd'hui disent, de manière tacite mais non moins péremptoire : « Qu'on amplifie le bruit sur ces jeunes, que cela les étourdisse, afin qu'ils ne pensent pas, qu'ils ne décident pas par eux-mêmes, mais suivent la mode, qu'ils achètent ce que nous voulons, nous, consomment les produits que nous décidons, nous. »

Il est néanmoins impressionnant de voir comme les gens se lassent vite ! Finalement, cette course véhémente conduit à l'insatisfaction. À partir de quel capital celui qui désire la richesse estime-t-il qu'il en a assez ? Ou celui qui veut la gloire en est-il rassasié ? Le joueur, ne joue-t-il pas toujours plus ? Et que dire de celui qui collectionne les conquêtes féminines… ou masculines, puisqu'il semble que ce genre d'attitude devienne aussi de manière assez répandue l'apanage de femmes ? Il faut que ça soit toujours plus fou, plus fun, plus speed, plus hard… toujours plus, toujours plus, toujours plus ! Ce « toujours plus » (qui conduit d'ailleurs à un « toujours moins ») semble être le mot d'ordre du démon. Cette course, outre le fait qu'elle ne peut combler notre attente, finit la plupart du temps par provoquer des situations de dépendance.

## *Addict*[4] *attitude*

Le phénomène des dépendances prend une telle ampleur, à notre époque, qu'il en devient un fait de société souvent traité dans les médias, voire dans les sphères politiques. Il est même devenu nécessaire, pour soigner ceux qui en sont atteints de manière aiguë, d'ouvrir des cliniques ou des

4. De l'anglais : signifie « intoxiqué, fanatique, accro ».

unités hospitalières spécialisées. Il y a des dépendances évidentes et connues depuis longtemps, comme la drogue, l'alcool, le tabac… Mais il y en a d'autres, moins apparentes, comme les jeux de hasard ou d'argent, la télévision, les jeux vidéos, les infos, le téléphone portable (cette dernière forme de dépendance a d'ailleurs donné un néologisme : l'« accrophonie »)… On peut être accro à des choses qui, en elles-mêmes, ne sont pas mauvaises, mais qui nous asservissent lorsqu'on ne peut plus vivre sans elles. Ces loisirs peuvent alors devenir de véritables dévoreurs de temps et nuire profondément à notre équilibre de vie et à nos relations. Elles peuvent aussi entraîner bien des personnes à des dépenses inconsidérées, menant parfois à la spirale du surendettement. La bonne attitude pourrait se résumer dans l'adage suivant : « Il ne s'agit pas de ne rien posséder, mais de ne se laisser posséder par rien. »

Un article de presse[5] décrit de manière convaincante le danger potentiel de ces nouveaux types de servitude. Je le cite longuement, car il est très éclairant : « En cherchant à s'affranchir des carcans traditionnels, l'individu "hypermoderne" est entré dans la "multidépendance". Au tout début de la psychanalyse, on valorisait la maîtrise des pulsions. Aujourd'hui, c'est l'inverse. On n'est plus éduqué à la frustration, et, comme si l'on assistait à un "retour du refoulé", on s'adonne aux "plaisirs sans retenue". Jusqu'à ne plus pouvoir s'en passer. Le goût de l'excès serait même le trait distinctif de l'individu "hypermoderne", qui pèche par "excès d'inexistence". Privés de cadres, de grandes valeurs transcendantales, de repères religieux, nous ne sommes plus limités, cadrés comme autrefois. » Bref, nous souffririons d'un « défaut de contenant », une enveloppe sans contour qui ne

5. « Addict attitude : l'ère des dépendances » de Sophie Carquain. Sur www.lefigaro.fr

nous restreindrait plus. Résultat : pour nous « remplir », nous sombrerions plus facilement dans la « dépendance ».

L'article poursuit en expliquant que si autrefois, les dépendances étaient limitées aux drogues et toxicomanies, on peut être aujourd'hui « addict » à tout et n'importe quoi.

Puisant dans le travail de nombreux thérapeutes, l'auteur s'essaie ensuite à donner quelques pistes pour traiter ce qu'elle appelle les « nouvelles aliénations » :

> « Au nom de la liberté, l'individu hypermoderne s'est donc affranchi des grands systèmes transcendantaux qui le contraignaient, pour retomber dans de nouvelles aliénations. Comment redonner des limites à ce "moi" goulu ? Dans les cliniques ad hoc – nées dans les années 2000 – chacun tente de comprendre ce que, par le biais de la compulsion, il cherche à fuir si activement. En guise d'exercice, les patients sont incités à supporter silence et solitude. »

Retrouver cette simple aptitude à être, telle est également la mission que se fixent certaines thérapies comportementales et cognitives.

> « Le premier pas consiste à prendre conscience de ses dépendances, explique un thérapeute. Ensuite, j'invite le patient à "lister" les bénéfices qu'il retire à être plus autonome ("j'ai gagné du temps/j'ai passé une heure à chatter au lieu de deux/j'ai épargné de l'argent au lieu de faire du shopping compulsif"). Mais la meilleure des préventions est d'apprendre à un enfant, dès son plus jeune âge, à être autonome – ce qu'un pédiatre appelait "la capacité à être seul". »

Pourquoi aborder la question des dépendances dans un ouvrage sur le discernement et la décision ? Parce qu'il apparaît clairement que lorsque l'on est dépendant, on n'a plus l'objectivité nécessaire ni la liberté intérieure pour pouvoir décider ou choisir sereinement. En effet, dans ces conditions, nos choix, rencontres, dépenses… risquent d'être dictés bien davantage par l'assouvissement de passions, un vide à combler, une pulsion à satisfaire, que par une saine réflexion et la recherche du bien.

D'autre part, plusieurs expressions, citées dans cet article, nous font réaliser qu'une foi chrétienne vivante et contemplative est la meilleure des préventions contre ces nouvelles dépendances. En effet, « valeurs transcendantales, repères religieux, silence… » et bien d'autres choses qui semblent manquer aux personnes souffrant de ces dépendances nous sont données dans notre relation à Jésus.

Ajoutons enfin que ces dépendances peuvent devenir des idoles qui, me procurant un certain bien-être, finissent par ravir dans mon cœur et mes occupations la première place qui revient à Dieu. L'adoration du vrai Dieu reste le meilleur rempart contre ces idoles. Néanmoins, restons prudents et vigilants car des personnes croyantes peuvent aussi « se laisser avoir » et sombrer dans les dépendances.

« C'est pour que nous restions libres que le Christ nous a libérés », nous rappelle saint Paul[6].

Il est important de réfléchir à ces questions et de faire le point dans ce domaine. Pas seulement pour la société qui nous entoure, mais pour chacun de nous. L'expérience montre en effet que, à un certain niveau, tout un chacun peut devenir dépendant de quelque chose et ainsi perdre une partie de sa liberté et de sa capacité de choisir.

Le Psaume 1 est à même de nous encourager fermement à demeurer dans des activités saines et fécondes :

*« Heureux l'homme qui ne suit pas le conseil des impies,*
*ni dans la voie des égarés ne s'arrête,*

---

6. Ga 5, 1.

*ni au siège des rieurs ne s'assied,*
*mais se plaît dans la loi du Seigneur,*
*mais murmure sa loi jour et nuit !*

*Il est comme un arbre planté auprès des cours d'eau ;*
*celui-là portera fruit en son temps*
*et jamais son feuillage ne sèche ;*
*tout ce qu'il fait réussit. »*

## *Un « oui » qui implique des « non »*

Dieu, Lui, semble parfois attirer le croyant sur des sentiers austères et après la joie de la conversion vient le temps du labeur et de l'ascèse. Il peut arriver que le disciple en souffre. Là, l'esprit mauvais fera tout pour le détourner de sa marche avec Jésus. Pourtant, l'expérience de tant d'hommes et de femmes atteste que c'est dans cette voie de patience et de persévérance que l'on trouve ce à quoi notre âme aspire : paix, fruits et joie.

Il est vrai que l'Évangile est exigeant. À tel point que pour certains, ces exigences sont la cause d'un refus ou d'un ajournement de la conversion. Il y a des années, pour ma formation, je devais me rendre hebdomadairement dans une école assez éloignée de chez moi. Durant le voyage en train, je dialoguais avec un jeune homme qui faisait le même trajet. Nous avions du temps : une heure trente à l'aller et autant au retour. J'essayais, lorsque cela était possible, de lui témoigner de ma foi en Dieu. Il écoutait avec intérêt. Jusqu'au jour où il me confia le dilemme qui l'habitait et qui se résumait plus ou moins en ces termes : « Ouais, t'as l'air heureux, toi, c'est super ce que tu vis, j'aimerais bien me convertir moi aussi, mais les petites sorties du samedi soir, les petits pétards et les petites cuites, j'ai pas envie d'arrêter... » Il avait perçu que mon choix de vie me rendait heureux, mais il se rendait compte aussi qu'il comportait des renoncements et impliquait un changement de vie. On a beau expliquer que ces exigences peuvent elles-mêmes être source de joie, que je peux, comme dit le psaume, trouver en ses volontés mes délices[7], que bien des choses perdent de leur valeur devant l'inestimable supériorité du Christ… Dans ce domaine, il faut expérimenter pour comprendre.

J'ai perdu cet homme de vue et ne sais pas ce qu'il est devenu. L'amour de Dieu est patient ; j'osc cspérer que pour lui, comme pour d'autres, l'Amour aura le dernier mot.

Saint Augustin a lui aussi connu cette lutte. Il nous en parle avec des mots bouleversants :

> « Dans mon for intérieur, je me disais : à l'œuvre, plus de retard, plus de retard. Ces paroles m'entraînaient à la décision. J'étais sur le point d'agir et je n'agissais pas. Après un nouvel effort, j'y étais, il ne s'en fallait que de peu, oui de peu, je touchais au but, je le tenais, et voilà que je n'y étais pas, que je ne touchais pas au but, que je ne le tenais pas, hésitant à mourir à la mort, à vivre à la vie. Le mal invétéré avait plus de prise sur moi que le bien dont je n'avais pas l'habitude…
> Ce qui me retenait, c'étaient des bagatelles de bagatelles, des vanités de vanités, mes anciennes amies : elles me tiraient par mon vêtement de chair en murmurant : “Tu nous renvoies ? Dès ce moment nous ne serons plus jamais avec toi, et dès ce moment tu ne pourras plus faire ceci ou cela, plus jamais.”
> Pendant combien de temps encore dirai-je : demain, demain ? Pourquoi pas maintenant ? Pourquoi cet instant même ne marquerait-il pas la fin de ma vie triste et inutile loin de Dieu[8] ? »

Les commandements de Dieu sont comme une lampe sur notre route. Ils nous tracent un chemin qui nous libère de bien des esclavages et de la tristesse.

---

7. Ps 119, 16.
8. *Confessions* de saint Augustin, livre 8$^{\text{ème}}$, chapitre XI.

*« En vérité, en vérité, je vous le dis, vous pleurerez et vous vous lamenterez, et le monde se réjouira ; vous serez tristes, mais votre tristesse se changera en joie. La femme, sur le point d'accoucher, s'attriste parce que son heure est venue ; mais lorsqu'elle a donné le jour à l'enfant, elle ne se souvient plus des douleurs, dans la joie qu'un homme soit venu au monde. Vous aussi, maintenant vous voilà tristes ; mais je vous verrai de nouveau et votre cœur sera dans la joie, et votre joie, nul ne vous l'enlèvera*[9]. »

Il y a plusieurs années, j'avais été très touché, lors d'une veillée, par la prière d'une jeune femme : « Seigneur, aide-moi à dire les oui avec tous les non que cela implique. » Nous sommes parfois appelés à renoncer à certaines choses, pour pouvoir en choisir d'autres ou une autre. Il y a des moments dans notre vie où nous sommes confrontés à des choix coûteux. Coûteux, mais payants !

Les choses que nous considérons comme des avantages selon certains critères peuvent en réalité être dommageables ou sans valeur selon d'autres critères. Les valeurs qui ont cours pour beaucoup ne sont pas toujours celles de l'Évangile.

Cette réévaluation conduit parfois à des choix assez conséquents. Car choisir, c'est renoncer. Choisir nous emmène à écarter ce que l'on ne choisit pas.

Cela ne se fait pas sans la grâce de Dieu. Aussi je propose, à l'occasion d'un temps de prière ou de réflexion, d'avoir le courage d'un examen de conscience, d'un bilan sur notre vie ou sur tel ou tel domaine de celle-ci. « Qu'est-ce qui est ajusté au Seigneur et qu'est-ce qui ne l'est pas ? Quelles sont les choses, activités ou même fréquentations, auxquelles je dois renoncer ? » Pas de meilleur guide, dans

---

9. Jn 16, 21.

ce domaine, que le Saint-Esprit. Demandons-lui d'éclairer notre cœur. Il ne s'agit pas d'une amputation, mais d'un chemin nouveau de vie, et de vie en abondance.

N'oublions pas que si nous avons parfois à dire non, c'est pour être libres de dire oui. Oui à Dieu, oui à la vie, oui à l'amour, à la joie, à la paix…

À partir de sa conversion au Christ, saint Paul a expérimenté de manière décisive cette « inversion des valeurs » :

> *« Tous ces avantages dont j'étais pourvu, je les ai considérés comme un désavantage, à cause du Christ. Bien plus, désormais je considère tout comme désavantageux à cause de la supériorité de la connaissance du Christ Jésus mon Seigneur. À cause de lui, j'ai accepté de tout perdre, je considère tout comme déchets, afin de gagner le Christ*[10]. »

Alors, encouragés par le grand Apôtre, entrons de bon cœur dans ce chemin de discernement, choisissons ce qui est bon, et croyons que cette manière de vivre est un investissement sûr.

## *Ne pas confondre urgence et priorités*

« Il serait temps d'empêcher les urgences de dévorer les priorités[11]. »

Cette phrase, dans la vigueur de sa concision et de ce qu'elle implique si on la met en œuvre, représente pour moi, depuis que je l'ai entendue, une clé de discernement fondamentale pour les choix à faire et les décisions à prendre dans la vie courante. Elle peut être un antidote nous évitant le douloureux constat de passer à côté de l'essentiel. Des

10. Ph 3, 7.
11. Mgr Léon-Arthur Elchinger, *L'urgence du Vrai*, Mame 1996, p. 33.

urgences, nous en avons tous plein nos tiroirs. Et… quand il n'y en a plus, il y en a encore. Mais ces choses que nous appelons urgences exigent-elles vraiment que nous les traitions tout de suite ? Si c'est le cas, il faut s'en occuper. Mais ce n'est pas toujours le cas. Certaines choses dans la vie sont importantes, mais pas urgentes (dans le sens que si on ne les fait pas tout de suite, il ne se passe rien de fâcheux). D'autres en revanche sont urgentes, mais ne sont pas importantes (c'est-à-dire : sans grandes conséquences). Le risque que nous courons est de sacrifier systématiquement les choses importantes pour pouvoir répondre aux choses urgentes, souvent secondaires. Avant de nous précipiter sur des tâches qui nous semblent urgentes, il vaut la peine de se demander si la chose est impérative ou peut être différée. Il est bon également de ne pas se laisser enfermer dans la dictature de l'urgence que les autres nous imposent. Un repas en famille peut être suffisamment prioritaire pour reporter au lendemain un coup de téléphone que notre interlocuteur qualifie d'urgent.

Dans le domaine des activités dévoreuses de priorités, permettez-moi de vous rendre également attentifs au fait que, bien souvent, ce ne sont pas seulement les urgences, mais aussi les futilités qui grignotent les précieux moments. Que de temps perdu à des occupations qui n'en valent pas la peine.

Comment se prémunir contre cet écueil ? Le père Raniero Cantalamessa rapporte l'histoire suivante[12] : « On demanda un jour à un vieux professeur d'intervenir, en tant qu'expert, sur le thème de la planification la plus efficace de son temps, devant les cadres supérieurs de quelques grosses entreprises américaines. Il décida de tenter une expérience. Debout face

12. Cf. www.zenit.org 3 novembre 2006.

au groupe prêt à prendre des notes, il sortit de sous la table un grand vase en verre, vide. Il prit également une douzaine de cailloux de la taille de balles de tennis qu'il déposa délicatement un à un dans le vase jusqu'à ce qu'il soit plein. Lorsqu'il devint impossible d'ajouter d'autres cailloux, il demanda à ses élèves : "Le vase vous semble-t-il plein ?" et tous répondirent : "Oui !" Il attendit quelques instants, puis ajouta : "Vous en êtes sûrs ?" Il se pencha à nouveau et sortit de sous de la table une boîte remplie de gravillons qu'il versa avec soin sur les gros cailloux en bougeant légèrement le vase afin que ceux-ci s'infiltrent jusqu'au fond, entre les cailloux. "Le vase est-il plein, cette fois ?" demanda-t-il. Devenus plus prudents, les élèves commencèrent à comprendre et répondirent : "Peut-être pas encore." "Bien !" répondit le vieux professeur. Il se pencha à nouveau et sortit cette fois un sac de sable qu'il versa prudemment dans le vase. Le sable remplit tous les espaces entre les cailloux et le gravillon. Il demanda à nouveau : "Le vase est-il plein maintenant ?" Tous répondirent sans hésiter : "Non !" "En effet", répondit le vieux professeur et, comme s'y attendaient les élèves, il prit la carafe posée sur la table et versa l'eau qu'elle contenait dans le vase, jusqu'au bord.

Il leva alors les yeux vers son auditoire et demanda : "Quelle grande vérité nous enseigne cette expérience ?" Le plus audacieux, pensant au thème du cours (la planification du temps), répondit : "Ceci montre que même lorsque notre agenda est entièrement rempli, avec un peu de bonne volonté, on peut toujours y ajouter un engagement, une chose supplémentaire à faire." "Non, répondit le professeur. Ce n'est pas cela. Cette expérience nous démontre autre chose : si l'on ne met pas d'abord les gros cailloux dans le vase, on ne réussira jamais à les faire entrer par la suite." Il y eut un moment de silence et tous prirent conscience de l'évidence de cette affirmation. Il poursuivit alors : "Quels sont les gros cailloux, les priorités, dans votre vie ? La santé ? La famille ? Les amis ? Défendre une cause ? Réaliser une chose qui vous tient à cœur ? La chose importante est de mettre d'abord ces gros cailloux dans votre agenda. Si l'on donne la priorité à mille autres petites choses (le gravillon, le sable), on remplira sa vie de futilités et l'on ne trouvera jamais le temps de se consacrer aux choses vraiment importantes. N'oubliez donc pas de vous poser souvent la question : 'Quels sont les gros cailloux dans ma vie ?' et de les mettre à la première place dans votre agenda." Puis, d'un geste amical, le vieux professeur salua l'auditoire et quitta la salle. »

Il va de soi qu'aux gros cailloux mentionnés par le professeur, il nous faut ajouter Dieu, par la prière et les œuvres de la foi.

Cette histoire nous transmet de manière éloquente une règle de discernement : apprenons à déterminer ce que nous avons à faire en premier. Prenons garde de ne pas commencer par ce que nous voulons faire, c'est-à-dire ce que nous faisons volontiers, facilement, mais par ce que nous devons accomplir, même si parfois cela nous coûte. Il en va de même pour nos relations. L'auto, l'ordinateur, le journal ou les séries télévisées ravissent trop souvent la place qui revient à nos prochains les plus proches... Nicky Gumbel, le fondateur des séminaires d'évangélisation « Alpha », raconte qu'il a lu un jour dans un journal une annonce qui l'a fort amusé : *Agriculteur cherche dame avec tracteur pour compagnie en vue d'un éventuel mariage. Merci d'envoyer photo du tracteur*[13]. Hiérarchie des valeurs à revoir ! Ce faisant, les activités prioritaires seront honorées, et les autres

---

13. Les questions de la vie, p. 181.

trouveront également leur place. Cette manière de faire est bien plus constructive, et favorise une certaine paix du cœur et de l'esprit.

## *Que ferait Jésus à ma place ?*

Cette question a l'air toute simple, mais elle est très éclairante.

Dans des situations de doute par rapport à des choix, il suffit parfois de s'interroger : « Que ferait Jésus à ma place ? » ou, particulièrement pour les femmes : « Que ferait Marie à ma place ? » Une autre version de cette attitude consiste à se demander : « Si Jésus était à mes côtés, qu'est-ce que je ferais ? Quelle attitude adopterais-je ? » Or Jésus est là. Il est invisiblement là, mais Il est là ! *« Quand tu étais sous le figuier, je t'ai vu »*, disait Jésus à Nathanaël [14].

« Une fourmi noire, sous une pierre noire, dans la nuit noire… Dieu la voit ! » disait une religieuse pour enseigner qu'il est inutile de faire les choses en cachette.

Se souvenir que l'on demeure en permanence sous le regard de Dieu est source d'une grande joie, car le regard de Jésus est un regard aimant. Il nous espère, nous relève, nous console. Mais cette conviction est aussi source de prudence et peut nous aider à faire des choix conformes à l'Évangile du Christ, c'est-à-dire à la vérité. La Bible nous enseigne d'ailleurs que *« le commencement de la sagesse, c'est la crainte du Seigneur [15] »*. Cette attitude, très profitable, ne doit cependant pas être habitée par la peur ou la culpabilité, mais plutôt se vivre dans la confiance et la liberté des enfants de Dieu.

---

14. Jn 1, 48.
15. Pr 9, 10.

Une fois la question honnêtement posée, après le temps d'une petite réflexion, on perçoit bien, intérieurement, ce qui est bon, ce qui convient, ce qui plaît au Seigneur.

*« Seigneur, tu me sondes et me connais ;*
*que je me lève ou m'assoie, tu le sais,*
*tu perces de loin mes pensées ;*
*que je marche ou me couche, tu le sens,*
*mes chemins te sont tous familiers*[16]*. »*

## *Ne laisse pas les autres choisir pour toi*

Nous vivons à une époque où la publicité est omniprésente. Lorsqu'elle consiste à faire connaître un produit, à nous informer sur telle ou telle marchandise… elle remplit son rôle et est bien légitime, même dans un but commercial.

Il arrive en revanche que certaines entreprises, mues par le seul attrait du profit, cherchent par tous les moyens, fût-ce une certaine pression psychologique, à nous pousser à la consommation, et même à la surconsommation. À cette fin, certaines entreprises ou certains distributeurs utilisent plusieurs méthodes. En voici quelques-unes :

- Ils cherchent à nous convaincre que notre bonheur est au bout de tel ou tel achat. Les techniques de publicité et de vente sont, dans ce domaine, redoutables. Si nous n'y prenons garde, cela nous amène à toujours convoiter de nouvelles acquisitions. Loin de nous combler, la multiplication des achats nous laisse dans une insatisfaction toujours plus profonde.

- Certains savent tirer profit du phénomène très actuel qui a tendance à estimer les personnes non d'abord par ce qu'elles sont, mais par ce qu'elles possèdent, par le paraître

16. Ps 139, 2.

plutôt que par l'être. Symptôme de cet état de fait : on parle de plus en plus de la « tyrannie des marques ».

- Les producteurs renouvellent et perfectionnent continuellement leurs produits. C'est une bonne chose : la technologie doit aller de l'avant. Mais prenons garde à ne pas nous sentir complètement dépassés et ringards si nous ne possédons pas le dernier modèle en tout. Combien de personnes ont acheté un ordinateur beaucoup plus puissant que celui qu'elles possédaient, alors qu'elles n'utilisaient même pas toute la capacité du précédent ? Si nous n'y prenons garde, nous pouvons facilement nous laisser entraîner dans la « consommation jetable » qui consiste à se débarrasser d'objets en état de marche pour nous en procurer de nouveaux.

- Ils créent des besoins en suggérant que nous avons des manques, des déficiences, des carences, qui doivent être comblés le plus rapidement possible, faute de quoi nous verrions notre santé ou notre qualité de vie se dégrader. Certaines personnes n'hésitent pas à jouer sur les peurs des gens pour arriver à leurs fins.

De plus en plus de personnes, prises dans cet engrenage, deviennent des acheteurs impulsifs ou compulsifs. Cela entraîne bien souvent des mal-être profonds, des phénomènes de culpabilité et d'angoisse, sans parler de situations conflictuelles dans les familles et du risque d'endettement.

Dans ces conditions, nous ne décidons ou ne choisissons plus sereinement. Nous ne sommes plus inspirés par une saine réflexion dans laquelle s'exerce notre libre arbitre, mais par l'impulsion ou en étant sous le coup d'une émotion mal maîtrisée.

Il va de soi qu'un coup de cœur apporte parfois du relief et de la fantaisie à l'existence et peut faire très plaisir, mais cette manière d'agir ne doit pas devenir la norme.

Comment alors discerner dans ces conditions ? Comment

ne pas agir sur des coups de tête, passions, pulsions ou compensations ?

Il est bon de savoir prendre un peu de recul. Ainsi, le choix sera éclairé par la réflexion, le dialogue, la possibilité de demander conseil à une personne avisée ou de comparer différentes offres, voire de reconsidérer le besoin…

Il est essentiel également de nous convaincre que la multiplication des acquisitions ne peut pas combler notre cœur. Nous sommes faits pour davantage, nous sommes faits pour Dieu ! Jésus le met bien en évidence lorsqu'il nous dit :

> *« Ne vous amassez point de trésors sur la terre, où la mite et le ver consument, où les voleurs percent et cambriolent. Mais amassez-vous des trésors dans le ciel : là, point de mite ni de ver qui consume, point de voleurs qui perforent et cambriolent. Car où est ton trésor, là sera aussi ton cœur*[17]. »

## *Tout ce qui brille n'est pas d'or*

Par ailleurs, certains modes de vie dictés par la société de consommation et relayés par les magazines « people » nous induisent parfois dans une vision du monde erronée et dans des illusions qui séduisent bien des jeunes et des moins jeunes. Est-il superflu de rappeler que certains magazines « grand public » et journaux gratuits, distribués dans le train ou le métro, ne culminent pas vers les sommets de la vérité et de l'objectivité ? De même, le « vu à la télé » n'est pas synonyme d'un « imprimatur » qui nous garantirait l'intégrité de ce que nous voyons ou entendons. Il est important de tenir compte du fait que, comme le signale le pape Benoît XVI, les médias façonnent profondément l'environnement culturel. Certains vont jusqu'à affirmer que « l'influence

---

17. Mt 6, 20.

éducative des médias dans la formation rivalise avec celle de l'école, de l'Église, et peut-être aussi avec celle de la famille. Pour beaucoup, la réalité est ce que les médias reconnaissent comme telle[18]. » Le père Cantalamessa nous met lui aussi en garde avec des mots particulièrement forts :

> « L'ensemble du monde du spectacle et de la publicité semble s'être aujourd'hui engagé à enseigner aux jeunes que l'amour se réduit à l'éros et l'éros au sexe ; que la vie est une idylle permanente, dans un monde où tout est beau, jeune, sain, où la vieillesse et la maladie n'existent pas, et où tous peuvent dépenser autant qu'ils le désirent. Mais ceci est un mensonge colossal qui génère des attentes disproportionnées qui, déçues, provoquent des frustrations, des rébellions contre la famille et la société et ouvrent souvent la voie au crime. La Parole de Dieu nous aide à faire en sorte que le sens critique ne s'éteigne pas complètement chez les personnes, face à ce qui leur est servi quotidiennement[19]. »

Dans ce contexte, il est indispensable d'avoir le courage de l'analyse et de refuser ou de rejeter ce qui est mauvais.

Ce sens critique ne consiste pas à tout remettre en question. Il est des valeurs qui sont éprouvées et approuvées. Croyants, nous savons par exemple que nous pouvons faire confiance à l'enseignement officiel de l'Église. Mais dans d'autres domaines, il est décisif de ne pas prendre tout ce que nous entendons pour « argent comptant ».

Souvent, nous nous trouvons dans des situations où nous devons choisir ce que la majorité ne choisit pas, ou renoncer à ce qui semble satisfaire le plus grand nombre. Cela fait partie de notre vocation de chrétiens. La parole de saint Paul est bien actuelle : *« Agissez en tout sans murmures ni contes-*

---

18. Message de Benoît XVI pour la 41e Journée mondiale des Communications sociales, 24 janvier 2007.

19. Cf. www.zenit.org 26 janvier 2007.

*tations, afin de vous rendre irréprochables et purs, enfants de Dieu sans tache au sein d'une génération dévoyée et pervertie, d'un monde où vous brillez comme des foyers de lumière, en lui présentant la Parole de vie*[20]*. »* Il ne s'agit pas de nous croire meilleurs que les autres, mais de poser des choix conformes à l'Évangile du Christ. Et ce n'est pas facile ! Cela coûte de nager à contre-courant ! Ne sommes-nous pas alors dans la situation – décrite par Jésus avant sa passion – des disciples qui peuvent parfois être dans la tristesse alors que le monde se réjouit ? *« En vérité, en vérité, je vous le dis, vous pleurerez et vous vous lamenterez, et le monde se réjouira ; vous serez tristes, mais votre tristesse se changera en joie. »* Le Seigneur nous assure que ce à quoi nous renonçons est promesse d'un bien plus grand. Nous n'investissons pas que dans les choses passagères, mais dans les biens stables et seuls capables de nous combler vraiment.

Dans une poésie, sainte Thérèse de l'Enfant-Jésus nous indique que si l'exigeant chemin à la suite du Christ n'est pas compris de tous, il est en revanche porteur d'une grande fécondité : « Vivre d'Amour, quelle étrange folie, me dit le monde… T'aimer, Jésus, quelle perte féconde[21] !... » Elle rejoint ici Jésus qui, sous la plume de saint Jean, continue de nous instruire sur les chemins qui mènent à la vie :

> *« La femme, sur le point d'accoucher, s'attriste parce que son heure est venue ; mais lorsqu'elle a donné le jour à l'enfant, elle ne se souvient plus des douleurs, dans la joie qu'un homme soit venu au monde. Vous aussi, maintenant vous voilà tristes ; mais je vous verrai de nouveau et votre cœur sera dans la joie, et votre joie, nul ne vous l'enlèvera*[22]*. »*

---

20. Ph 2, 14.
21. Poésie 17, str. 13.
22. Jn 16, 20-22.

En terminant cette réflexion, choisissons de marcher résolument à la suite du Christ : « Seigneur, je veux mettre mes pas dans les tiens, renoncer à ce qui n'est pas de Toi et choisir ce qui conduit à l'Amour vrai et à la joie profonde. Par mes propres forces, je n'y parviendrai pas toujours, mais je compte sur Ta grâce. Je te fais confiance, car Tu es fidèle et Tu tiens toujours tes promesses. »

> *« Ainsi parle le Seigneur : Béni l'homme qui se confie dans le Seigneur et dont le Seigneur est la foi. Il ressemble à un arbre planté au bord des eaux, qui tend ses racines vers le courant : il ne redoute rien quand arrive la chaleur, son feuillage reste vert ; dans une année de sécheresse, il est sans inquiétude et ne cesse pas de porter du fruit* [...]. *Moi, le Seigneur, je scrute le cœur, je sonde les reins, pour rendre à chacun d'après sa conduite, selon le fruit de ses œuvres*[23]. *»*

---

23. Jr 17, 7.

## Chapitre sixième

# *LA CONSCIENCE MORALE*

Dans le chapitre traitant de la prière comme étape du discernement, nous avions initié une réflexion sur la conscience. Nous la poursuivons ici car elle est essentielle, particulièrement à notre époque.

La prise en compte de notre conscience est de la plus haute importance dans les domaines du choix et de la décision. Un article du *Catéchisme de l'Église Catholique* nous le dit de manière éloquente :

> « Présente au cœur de la personne, la conscience morale lui enjoint, au moment opportun, d'accomplir le bien et d'éviter le mal. Elle juge aussi les choix concrets, approuvant ceux qui sont bons, dénonçant ceux qui sont mauvais [...]. Quand il écoute la conscience morale, l'homme prudent peut entendre Dieu qui parle [1]. »

## *Déformation de la conscience*

Il est évident que notre conscience, pour bien nous éclairer, doit être formée. Or, il apparaît à beaucoup que la cause de bien des malheurs de notre époque réside dans le

1. CEC § 1777.

fait que souvent, les consciences ne le sont plus suffisamment.

Sans idéaliser le passé, il me semble que, quelles qu'aient été les convictions religieuses de chacun, il y avait une sorte de consensus face à certaines valeurs : le respect de la vie, la dignité de l'être humain, l'honnêteté, la fidélité, etc. Aujourd'hui, dans les médias, devenus d'accès extrêmement facile, et souvent gratuits, on entend trente-six mille discours. Il s'en suit que les enfants et même les adultes ne savent parfois plus qui croire et que croire : « Papa, toi, tu me dis ceci, mais un autre me dit le contraire. Qui me dit que c'est toi qui as raison ? » À un moment donné, il faut que la conscience soit formée pour pouvoir avancer. C'est, j'en suis persuadé, un des grands enjeux de l'éducation parce que l'homme, actuellement, entend tellement de choses que, s'il ne sait pas discerner, il risque d'être complètement « paumé ».

Nous sommes entrés dans une vaste confusion, où l'on trouve tout et son contraire, un patchwork effarant où plus rien ne semble intouchable ou sacré. Tout devient possible, y compris le pire, « du moment que tu y prends ton pied et que tu te sentes bien… » Ces conduites irresponsables sont véhiculées par des lobbies puissants qui culpabilisent les foules en leur disant : « Si tu n'es pas d'accord avec ça, tu es intolérant et rétrograde, tu es un trouble-fête ou un rabat-joie… » Ces comportements finissent par être encouragés, légalisés, subventionnés, financés, remboursés.

La violence nous est abondamment servie, soi-disant pour nous détendre. Tant que ce sont les autres qui en sont victimes, ça va !… Pour rendre acceptable le désir de se débarrasser des personnes gênantes ou non-productives, on joue la mélodie de la compassion et du soulagement des souffrances. Subtil, l'art de faire taire les consciences qui auraient encore quelque chose à dire !

Et que dire des pressions commerciales ou des nouveaux modes de pensée qui font de nos enfants, dans certains domaines, de petits adultes avant l'âge, et de certains adultes, des ados en pleine crise, incapables de prendre leurs responsabilités.

On marche sur la tête, mais qu'est-ce qu'on s'éclate ! On brise les familles, mais à l'amiable !

Bref, si on ne réagit pas, on ira dans le mur, mais… en chantant ! Comme dans le film *Titanic,* certains sont en train de sombrer... une coupe de champagne à la main !

Est-il exagéré, dans un tel contexte, de dire que les conditions sont réunies pour une certaine déformation de la conscience ?

C'est en tout cas ce que remarquait déjà le pape Jean-Paul II dans un document publié en 1984 :

> « Il n'est pas rare dans l'histoire, en des périodes plus ou moins longues et sous l'influence de facteurs multiples, que la conscience morale se trouve gravement obscurcie en beaucoup d'hommes… L'homme contemporain ne vit-il pas sous la menace d'une éclipse de la conscience, d'une déformation de la conscience, d'un engourdissement ou d'une “anesthésie” des consciences ? Trop de signes indiquent qu'à notre époque se produit une telle éclipse, ce qui est d'autant plus inquiétant que cette conscience, définie par le Concile comme “le centre le plus secret et le sanctuaire de l'homme”, est étroitement liée à la liberté de l'homme[2]. »

Heureusement, un bon nombre de personnes pressentent au fond d'elles-mêmes que tout ce tohu-bohu sonne faux. L'article suivant, publié lors de la mort de Jean-Paul II, dans un magazine peu soupçonnable d'être d'obédience catholique, l'atteste :

---

2. Exhortation apostolique post-synodale *Reconciliatio paenitentia*, 18.

« On peut penser ce que l'on veut des positions de l'Église en matière de sexualité… mais la civilisation n'aurait strictement rien à gagner à ce que ne résonne plus, depuis le Vatican, une voix qui condamne la marchandisation de l'amour, la mercantilisation du sexe, l'envahissement pornographique, la prostitution des mœurs, la dissolution de la famille, l'automatisation et la matérialisation de tous les rapports entre les personnes, la livraison de toutes les valeurs au seul impératif de la rentabilité du capital, la culture de la jouissance, l'hédonisme triomphant… Que veut-on ? Un pape qui normaliserait le divorce, justifierait l'homosexualité, banaliserait l'avortement ? C'est-à-dire qui se transformerait en leader social-démocrate branché. Un de plus. Et d'ailleurs, allons plus loin : pour devenir vraiment moderne, le pape ne devrait-il pas renoncer à croire en Dieu[3] ? »

Certains, pris de vertige, semblent s'écrier : « Stop, arrêtez, je veux descendre ! » Parmi eux, il y en a qui s'engagent de différentes manières pour que les choses évoluent positivement.

Alors, quelle attitude adopter dans les circonstances décrites ci-dessus ?

## *L'éducation de la conscience*

En dénonçant certains comportements avec véhémence, je n'entends pas rejeter des personnes, mais des actes. Le danger de cette situation est que, la pression actuelle étant très grande, nous nous laissions petit à petit emporter par la vague des fausses idéologies. C'est là qu'il nous faut être vigilants. Il y a presque vingt siècles, saint Paul disait déjà aux habitants de Thessalonique qui attendaient la venue du Seigneur :

---

3. Magazine *Marianne*, 26 avril 2005.

*« Mais vous, frères, vous n'êtes pas dans les ténèbres, de telle sorte que ce Jour vous surprenne comme un voleur : tous vous êtes des fils de la lumière, des fils du jour. Nous ne sommes pas de la nuit, des ténèbres. Alors ne nous endormons pas, comme font les autres, mais restons éveillés et sobres*[4]. »

Il est temps de refuser que des comportements, contraires à la loi naturelle inscrite dans le cœur de l'homme, puissent être considérés comme une norme. Cela passe par l'éducation de la conscience.

« L'éducation de la conscience est une tâche de toute la vie. Dès les premières années, elle éveille l'enfant à la connaissance et à la pratique de la loi intérieure reconnue par la conscience morale. Une éducation prudente enseigne la vertu ; elle préserve ou guérit de la peur, de l'égoïsme et de l'orgueil, des ressentiments de la culpabilité et des mouvements de complaisance, nés de la faiblesse et des fautes humaines. L'éducation de la conscience garantit la liberté et engendre la paix du cœur[5]. »

L'éducation de la conscience passe aussi, pour les parents et les éducateurs, par la formation des enfants et des jeunes à une utilisation appropriée des médias afin de ne pas permettre que ceux-ci soient la référence qui façonne le jugement. Le pape Benoît XVI nous y invite instamment :

« Éduquer les enfants à un jugement critique dans l'usage des médias relève de la responsabilité des parents, de l'Église et de l'école. Le rôle des parents est primordial. Il est de leur droit et de leur devoir d'assurer une utilisation prudente des médias, en formant la conscience de leurs enfants à exercer un jugement sain et objectif qui les guidera alors dans le choix ou le rejet des programmes qui sont à leur disposition[6]. »

---

4. 1 Th 5, 1.
5. CEC § 1784.
6. Message de Benoît XVI pour la 41e Journée mondiale des communications sociales, 24 janvier 2007.

Comment éduque-t-on la conscience ? Par la Parole de Dieu, qui est lumière sur notre route, par l'enseignement officiel de l'Église et, bien sûr, par la prière et les sacrements. Sachons donc prendre du temps gratuit pour Dieu. C'est dans la prière, l'oraison, l'action de grâce que nous entendrons Dieu parler à nos cœurs.

## *L'objection de conscience*

Le désaccord profond avec certaines directions prises aujourd'hui par notre société peut nous demander d'aller jusqu'à l'objection de conscience. Dans son encyclique *L'Évangile de la Vie*, qui exhorte le peuple chrétien à respecter la valeur intangible de la vie humaine, le pape Jean-Paul II nous le dit clairement :

> « Dès les origines de l'Église, la prédication apostolique a enseigné aux chrétiens le devoir d'obéir aux pouvoirs publics légitimement constitués, mais elle a donné en même temps le ferme avertissement qu' *"il faut obéir à Dieu plutôt qu'aux hommes"*. »

Jean-Paul II nous indique que ces choix peuvent parfois être très exigeants et conséquents :

> « L'introduction de législations injustes place souvent les hommes moralement droits en face de difficiles problèmes de conscience en ce qui concerne les collaborations, en raison du devoir d'affirmer leur droit à n'être pas contraints de participer à des actions moralement mauvaises. Les choix qui s'imposent sont parfois douloureux et peuvent demander de sacrifier des positions professionnelles confirmées ou de renoncer à des perspectives légitimes d'avancement de carrière[7]. »

---

7. Cf. *Evangelium Vitae,* 73 et suivants. Pour approfondir ces questions, et notamment celles de certaines dérives de nos sociétés, je recom-

Le *Catéchisme* également nous rappelle notre droit, parfois notre devoir de refuser les choses qui sont inacceptables du point de vue chrétien :

> « L'homme a le droit d'agir en conscience et en liberté afin de prendre personnellement les décisions morales. “L'homme ne doit pas être contraint d'agir contre sa conscience. Mais il ne doit pas être empêché non plus d'agir selon sa conscience, surtout en matière religieuse[8].” »

Cela signifie-t-il que nous devons désobéir à la loi des hommes ? Certes non. Comme citoyens, nous avons à respecter les lois mises en place dans notre société. Cependant, nous n'avons pas à suivre les prescriptions des autorités civiles lorsque ces préceptes sont contraires aux enseignements de l'Évangile et aux droits fondamentaux des personnes. Ainsi, dans son exhortation apostolique *Sacramentum Caritatis*, le pape Benoît XVI nous indique que certaines valeurs sont non négociables[9]. Pour le dire autrement : si la loi des hommes contredit la loi de Dieu, c'est à Dieu qu'il faut obéir. Dans le livre des Actes, les apôtres désobéissent à l'interdiction d'enseigner dans le Temple. Pierre s'en justifie en disant *: « Il faut obéir à Dieu plutôt qu'aux hommes*[10]*. »*

> « Dès le commencement de l'histoire chrétienne, l'affirmation de la seigneurie de Jésus sur le monde et sur l'histoire (cf. Ap 11, 15) signifie aussi la reconnaissance que l'homme ne doit soumettre sa liberté personnelle, de façon absolue, à aucun pouvoir terrestre, mais seulement à Dieu le Père et au

---

mande vivement les ouvrages de Michael Schooyans : *Le terrorisme à visage humain*, *La dérive totalitaire du libéralisme*, *L'Évangile face au désordre mondial*, *La face cachée de l'ONU*, *Le crash démographique*…

8. CEC § 1782.
9. *Sacramentum Caritatis*, n° 83.
10. Ac 5, 29.

Seigneur Jésus-Christ : César n'est pas “le Seigneur” (cf. Mc 12, 17 ; Ac 5, 29). “L'Église croit… que la clé, le centre et la fin de toute histoire humaine se trouve en son Seigneur et Maître[11].” »

## *Émerveillement et espérance*

Nous avons parfois le devoir de dénoncer ce qui est déréglé. Mais nous devons le faire en gardant notre capacité d'émerveillement. Ne pas tout peindre en noir, voir aussi les progrès réalisés dans bien des domaines. Considérer avec joie et reconnaissance ceux qui travaillent et agissent de manière droite. Le bien progresse aussi, même s'il fait moins de bruit que le mal. La victoire finale est déjà acquise par le Christ ressuscité !

Un sage disait : « Dans l'obscurité, plutôt que de maudire les ténèbres, allume un foyer. » Voilà une attitude qui me semble vraiment chrétienne : nous avons certes à dénoncer les œuvres des ténèbres, mais cela ne suffit pas. Il faut d'abord annoncer la splendeur de la vérité, la merveille de la vie, et même, car nos frères et sœurs l'attendent plus que nous ne le pensons, la Bonne Nouvelle de notre Seigneur Jésus-Christ.

> *« Agissez en tout sans murmures ni contestations, afin de vous rendre irréprochables et purs, enfants de Dieu sans tache au sein d'une génération dévoyée et pervertie, d'un monde où vous brillez comme des foyers de lumière, en lui présentant la Parole de vie[12]. »*

Enfin, et c'est là une attitude profondément chrétienne, demeurer dans l'Espérance. « Il est capital pour l'homme

---

11. CEC § 450. Voir aussi § 2242 et 2256.
12. Ph 2, 14.

d'entrer dans l'Espérance, de ne pas s'arrêter sur le seuil», disait Jean-Paul II[13]. Un évêque, aujourd'hui décédé, nous y encourage :

> « L'avenir que nous affrontons nous impose le devoir de ne pas nous décourager. La crise que nous traversons est une cure de purification. L'expérience nous a appris que ce n'est pas en période de confort, de facilité et de somnolence que se font les progrès décisifs d'une nation. C'est en période de fermentation, d'inquiétude et de danger[14]. »

Sans me voiler la face sur la réalité, je demeure profondément convaincu que les hommes possèdent les ressources nécessaires pour un sursaut d'humanité et que le vrai, le bon, le beau, reprendront les places qui leur reviennent au cœur de la cité des hommes. Il faudra pour cela retourner à l'Évangile, revenir au Christ, repartir du Christ !

Comme elle est actuelle, la célèbre confession de foi du pasteur Martin Luther King à une époque où il était difficile d'espérer :

> « Aujourd'hui, dans la nuit du monde et dans l'espérance de la Bonne Nouvelle, j'affirme avec audace ma foi dans l'avenir de l'humanité. Je refuse de croire que les circonstances actuelles rendent les hommes incapables de faire une terre meilleure. Je refuse de croire que l'être humain ne soit qu'un fétu de paille ballotté par le courant de la vie, sans avoir la possibilité d'influencer en quoi que ce soit le cours des événements. Je refuse de partager l'avis de ceux qui prétendent que l'homme est à ce point captif de la nuit sans étoile du racisme et de la guerre, que l'aurore radieuse de la paix et de la fraternité ne pourra jamais devenir une réalité… Je crois que la vérité et l'amour sans condition auront le dernier mot effectivement. La vie, même vaincue provisoirement,

---

13. Jean-Paul II, *Entrez dans l'Espérance*, Plon-Mame, p. 323.
14. Mgr Léon-Arthur Elchinger, *L'urgence du Vrai*, Mame 1996, p. 27.

demeure toujours plus forte que la mort. Je crois fermement que, même au milieu des obus qui éclatent et des canons qui tonnent, il reste l'espoir d'un matin radieux. J'ose croire qu'un jour, tous les habitants de la terre pourront recevoir trois repas par jour pour la vie de leur corps, l'éducation et la culture pour la santé de leur esprit. Je crois également qu'un jour, toute l'humanité reconnaîtra en Dieu la source de son amour. Je crois que la bonté salvatrice et pacifique deviendra un jour la loi… »

Jean Guitton, philosophe, membre de l'Académie française, avait une relation d'amitié avec Marthe Robin. Il rapporte qu'il tenta parfois de la faire parler de l'avenir, de la Pentecôte d'Amour pour laquelle elle donnait sa vie. Il lui demanda comment elle voyait cette Pentecôte :

« Oh ! pas du tout sous une forme extraordinaire. Je la vois comme paisible, comme lente. Je pense qu'elle se fera petit à petit, peu à peu. Je pense même qu'elle a déjà commencé. Quant à l'avenir, vous savez qu'on me prête beaucoup d'idées sur l'avenir. Je ne sais rien, sauf une chose : l'avenir, c'est Jésus [15]. »

15. Cf. Bernard Peyrous, *Vie de Marthe Robin*, Emmanuel/Foyer de Charité, p. 285.

## Chapitre septième

# *AUTRES PISTES POUR DISCERNER*

Dans ce chapitre, je désire transmettre encore, pêle-mêle, quelques « clés » pour discerner. Elles peuvent être utiles dans bien des situations, autant pour le quotidien que pour les grandes décisions.

## *La voix de Dieu dans les évènements*

Une clé de discernement précieuse réside dans le fait que Dieu nous parle souvent par les évènements. En hébreu, le même mot *dabar* signifie à la fois « parole » et « évènement ». Dans la Bible, on voit que Dieu rejoint l'homme par des oracles, des songes, ou par l'intermédiaire d'anges... Mais bien souvent aussi, par un événement. Il ne s'agit alors pas de hasard ou de concours de circonstances, mais de l'irruption de la Providence au travers des évènements. Ce peut être une rencontre providentielle, un empêchement, un gain imprévu...

Il est bon de souligner également que parfois, Dieu nous conduit par des portes... qui se ferment [1]. Il ne s'agit pas de

1. Dans les Actes des Apôtres (16, 6-8) par exemple, Paul et Timothée doivent changer leur itinéraire missionnaire, car l'Esprit de Jésus ne leur permet pas d'aller là où ils avaient prévu.

se décourager au premier obstacle, mais de prendre en compte le fait que, dans certaines situations, il peut être préjudiciable de s'entêter ou de s'obstiner. Faute de quoi, nous risquons de marcher sur un chemin qui n'est plus celui du Seigneur. *« Ne sois pas comme le cheval ou le mulet qui ne comprend ni la rêne ni le frein »,* nous avertit le psaume[2].

J'aime beaucoup la phrase de Péguy, qui exprime cela de manière toute simple : « Les évènements, dit Dieu, c'est moi. C'est moi qui vous caresse ou c'est moi qui vous rabote. C'est moi, n'ayez pas peur. »

Plus concrètement encore... Nous avons à obéir aux évènements du quotidien. Nous rejoignons ici la thématique du devoir d'état. Écoutons Madeleine Delbrêl nous en parler dans un petit ouvrage plein d'humour et plein de bon sens chrétien qui s'appelle *Alcide, guide simple pour simples chrétiens, carnet de route du chrétien ordinaire*[3]. Voilà un titre qui nous rejoint !

> « Je n'obéis pas qu'à mon supérieur, mais aussi au réveil qui sonne, au train en retard, à la pluie, au coup de fil que je n'avais pas prévu... Nous sommes tous des prédestinés à l'extase. Nous ne sommes jamais des laissés pour compte, mais des bienheureux appelés. Appelés à savoir ce qui Vous plaît de faire, appelés à savoir ce que Vous attendez à chaque instant de nous... L'enfant à lever, la porte à ouvrir, le récepteur à décrocher, la lettre à écrire, la migraine à supporter... autant de tremplins pour l'extase, autant de ponts pour passer de notre pauvre, de notre mauvaise volonté aux rivages sereins de Votre bon plaisir. »

Seigneur, que veux-tu que je fasse ? C'est bien souvent dans le quotidien qu'Il nous attend. Dans la fidélité aux

2. Ps 32, 9.
3. Éd. du Seuil, p. 90.

engagements pris. Dans la capacité à prendre nos responsabilités… Parfois, plein d'élan, on serait prêt à aller au bout du monde pour le Seigneur. Il se peut qu'Il nous le demande, mais ce qui est certain, c'est qu'Il nous attend là où nous devons être. Le devoir, c'est aussi une manière de faire la volonté de Dieu.

Notons bien qu'il ne s'agit pas de tout subir passivement. Il y a des évènements contre lesquels il faut lutter, des situations inacceptables, des conditions à améliorer… Mais ordinairement, nous savons ce que nous avons à faire. Accepter ce qui est, est source de paix et de courage pour faire ce que nous avons à faire.

## *Pense aux conséquences de tes choix*

J'évoquais ci-dessus le fait que beaucoup, particulièrement dans la jeune génération, éprouvent des difficultés à se décider. Pour certains, pour les mêmes parfois, c'est le contraire : on fonce « tête baissée dans le brouillard » sans réfléchir et on se « casse le nez ». Parfois, c'est presque sans conséquence. D'autres fois, on passe une vie entière à regretter et… à payer !

Pour s'éviter les déconvenues de ce type, il suffit parfois, avant de poser un acte, de s'arrêter un instant et de considérer les conséquences.

Une décision trop vite prise, un acte posé sans réfléchir peut faire basculer toute une vie. Ainsi telle décision hâtive d'interrompre sa formation, dans un moment de découragement ou de difficulté passagère, a mené bien des étudiants à compromettre leur avenir professionnel. Tel jeune ayant conduit sous l'effet de l'alcool a précipité dans la mort son meilleur ami. Telle rencontre d'un soir ayant abouti à un rapport sexuel s'est soldée par un avortement… Ce qui pousse même des personnes qui ne le feraient pas à tête reposée à poser de tels actes est souvent la provocation, le chantage ou le besoin d'assurer devant les copains : « Chiche que t'oses pas… » Et cela ne concerne pas seulement les jeunes. Des personnes de tout âge se laissent avoir dans ce type de situations. Nous le savons bien, la véritable force ne consiste pas à braver le danger idiot ou stupide, mais à résister à ce genre de sollicitation ou de pression. Dans ce domaine comme dans d'autres, les connaissances théoriques ne suffisent pas. Il faut la mise en pratique !

À cause de l'orgueil, de multiples occupations, d'une vie trop légère, trop bruyante, on n'entend plus ou ne tient plus compte des avertissements intérieurs.

Heureusement, dans ces situations parfois dangereuses, bien des drames ont été évités grâce à la protection de l'Ange Gardien. Que les parents n'hésitent pas à l'invoquer souvent, et particulièrement lors des égarements de leurs enfants. *« Il a pour toi donné ordre à ses anges de te garder en toutes tes voies. Sur leurs mains, ils te porteront pour qu'à la pierre ton pied ne heurte*[4]*. »*

Dans le prolongement de cette réflexion sur les conséquences de nos actes, il est opportun de nous rappeler qu'« il n'est jamais permis de faire un mal pour qu'il en résulte un bien[5] ». On dit parfois que « la fin justifie les moyens » ! Ce n'est pas vrai. Il n'est pas légitime d'utiliser n'importe quel moyen pour atteindre un but, fût-il noble. Ainsi :

> « Une intention bonne (par exemple : aider le prochain) ne rend ni bon ni juste un comportement en lui-même désordonné (comme le mensonge et la médisance). La fin ne justifie pas les moyens. Par contre, une intention mauvaise

---

4. Ps 90, 11.
5. Cf. CEC § 1789.

surajoutée (ainsi la vaine gloire) rend mauvais un acte qui, de soi, peut être bon[6]. »

Cette règle de discernement, qui consiste à réfléchir aux effets de nos actes, est aussi valable dans un sens positif. Telle conséquence heureuse doit nous motiver à poser des choix qui sont parfois exigeants. Renoncer à quelques petits achats pour acquérir un objet vraiment intéressant ou financer des études. Arrêter de fumer pour retrouver une qualité de vie…

Allons plus loin… Saint Ignace nous invite à considérer les conséquences de nos actes non seulement pour cette vie, mais également en vue de l'éternité :

> « Considérer, comme si j'étais à l'article de la mort, la façon de procéder et la norme que je voudrais alors avoir suivie dans la manière de faire la présente élection ; puis, me réglant sur elle, prendre définitivement ma décision[7]. »

Je médite souvent sur la parole que saint Paul prononce au soir de sa vie, convaincu d'avoir accompli sa mission : *« Le moment de mon départ est venu. J'ai combattu jusqu'au bout le bon combat, j'ai achevé ma course, j'ai gardé la foi*[8]. »

« Au soir de la vie, nous serons jugés sur l'amour », a écrit saint Jean de la Croix[9].

Sainte Thérèse de l'Enfant-Jésus, quelques instants avant d'entrer dans la Vie, se réjouit de l'orientation fondamentale qu'elle a choisie dès le printemps de sa jeunesse : « Je ne me

---

6. CEC § 1753.

7. St Ignace de Loyola, seconde manière pour faire une saine et bonne élection. Troisième règle.

8. 2 Tm 4, 6-7.

9. *La vive Flamme d'amour*, 59.

repens pas de m'être livrée à l'Amour, au contraire[10]. » J'aimerais moi aussi pouvoir me dire, lorsque la fin viendra, que j'ai gardé la foi. Je désirerais moi aussi pouvoir dire que j'ai aimé.

C'est maintenant que l'on se prépare à l'heure de notre mort. Si je devais partir ce soir, comment aimerais-je avoir vécu ? Si je devais mourir bientôt, qu'est-ce que je choisirais dans les possibilités qui s'offrent à moi aujourd'hui ?

Considérer l'ensemble de notre existence, qui comprend aussi l'éternité, est d'un grand secours pour faire les bons choix au bon moment. Ainsi, comme saint Paul, nous pourrons nous écrier :

> *« Et maintenant, voici qu'est préparée pour moi la couronne de justice, qu'en retour le Seigneur me donnera en ce Jour-là, lui, le juste Juge, et non seulement à moi mais à tous ceux qui auront attendu avec amour son Apparition*[11]. *»*

## *Quel conseil donnerais-je ?*

Quel conseil donnerais-je à une personne confrontée à une condition semblable à celle que je vis actuellement ?

Saint Ignace formule cette règle de la manière suivante :

> « Je me représenterai un homme que je n'ai jamais vu ni connu ; et, lui désirant toute la perfection dont il est capable, j'examinerai ce que je lui dirais de faire et de choisir pour la plus grande gloire de Dieu, notre Seigneur, et pour la plus grande perfection de son âme ; puis, me donnant à moi-même les mêmes conseils, je ferai ce que je lui dirais de faire[12]. »

Cette piste est évidemment imprégnée par la fameuse

10. Procès de béatification, 246.
11. 2 Tm 4, 8.
12. *Exercices spirituels*, n° 185.

règle d'or que Jésus lui-même nous a enseignée : *« Ainsi, tout ce que vous voulez que les hommes fassent pour vous, faites-le vous-mêmes pour eux*[13]. »

Vouloir pour les autres ce que nous désirons pour nous, mais aussi : agir nous-mêmes comme nous souhaiterions que les autres agissent.

Cette piste de discernement est très éclairante, car elle favorise un certain recul, un regard neutre, presque désintéressé par rapport à la situation que nous vivons ou à la décision à prendre.

## *Accepter de prendre des risques*

En écrivant aux chrétiens de Thessalonique, saint Paul nous incite à tout vérifier et à garder ce qui est bon[14]. C'est un fait, de nombreuses personnes s'égarent faute de jugement, de discernement. Mais l'excès inverse existe également. Il serait navrant que par désir de bien faire ou par peur de se tromper, on se laisse aller à un excès de méfiance et d'inquiétude. Un auteur spirituel disait : « Certains esprits procèdent au discernement comme des agriculteurs qui abuseraient d'insecticide et détruiraient la vie qu'ils étaient chargés de protéger. » Pour nous éviter de tomber dans ce travers, saint Paul nous met en garde. Il précède son appel à tout vérifier par un solennel : *« N'éteignez pas l'Esprit ! »* Il prend soin également de nous inviter à garder ce qui est bon. Parfois, en voulant arracher l'ivraie, on arrache aussi le bon grain. La prudence est une vertu, mais pas la peur. Ne dit-on pas qu'elle est mauvaise conseillère ? On ne peut pas toujours attendre, pour s'engager dans telle ou telle orien-

13. Mt 7, 12.
14. 1 Th 5, 19.

tation, d'avoir toutes les certitudes.

Tout appel, tout engagement est un saut dans la foi, un pari, un acte de confiance et comporte une part de risque. C'est-à-dire que des évènements ne dépendant pas uniquement de ma volonté peuvent survenir. Même un chemin bien discerné comporte cette part de risque.

En m'engageant, d'une certaine manière, je m'expose. Mais serais-je plus à l'abri en ne prenant aucun risque ? Probablement pas.

Bien des incapacités à se décider, à faire un choix pour la vie proviennent d'une recherche de certitude totale. « Je veux être certain que dans cinq ans, l'entreprise dans laquelle je m'engage me donnera le poste correspondant à mes aspirations. » « Je veux être sûr que la femme que j'épouserai me rendra heureux toute ma vie »… Et comme personne ne peut nous donner ces garanties, la tendance à se réserver le droit de se séparer s'inscrit de plus en plus dans les mentalités. Une telle attitude, dès le départ, porte déjà en elle le germe de l'échec. En effet, si, pour chacun des partenaires, l'engagement est teinté de la crainte que l'autre parte, la méfiance prendra vite le pas sur la confiance qui doit être le socle de tout engagement.

Il y a des choses qu'il faut vérifier et dont il faut s'enquérir, évidemment. On ne se lance pas « tête baissée dans le brouillard ». Il est nécessaire, avant de signer un contrat ou de s'engager, de vérifier si ce que nous envisageons ou si notre manière de voir les choses correspond à celle du partenaire. Mais il n'en demeure pas moins que je n'aurai jamais toutes les garanties. Mon époux peut tomber gravement malade, mon entreprise se trouver en faillite… Alors, on s'engage ou pas ? Bien sûr qu'il faut oser le faire, après avoir discerné dans le Seigneur. La réussite totale ne nous est pas garantie, mais ce qui l'est, c'est la présence du Seigneur à nos côtés. Il nous accompagne sur notre chemin, dans les bons moments comme dans ceux qui ne se déroulent pas comme nous l'avions prévu ou souhaité. Alors que le Seigneur confie à Moïse la difficile mission d'aller trouver Pharaon pour faire sortir son peuple d'Égypte, il lui fait cette promesse : *« Je serai avec toi*[15]*. »* Et Dieu a tenu sa promesse : *« Le Seigneur marchait avec eux, le jour dans une colonne de nuée pour leur indiquer la route, et la nuit dans une colonne de feu pour les éclairer, afin qu'ils puissent marcher de jour et de nuit. La colonne de nuée ne se retirait pas le jour devant le peuple, ni la colonne de feu la nuit*[16]*. »* Cette promesse est aussi valable pour toi : *« Je serai avec toi »*, dit le Seigneur. Toi qui es en train de lire ces lignes, toi qui es engagé dans un chemin pas toujours facile, toi qui t'apprêtes à prendre une décision importante pour ta vie, arrête-toi un instant et laisse-toi persuader par cette vérité essentielle. Le Seigneur te dit : *« Je serai avec toi. »*

À notre époque de grandes peurs, on voudrait pouvoir tout assurer. Inutile d'attendre toutes les garanties, nous ne les aurons jamais.

Aujourd'hui, et c'est un des progrès de notre époque, presque tout peut être l'objet d'une couverture : responsabilité civile, bris de glace, incendie, protection juridique, vols… Il est très opportun d'assurer ce qui doit l'être ; mais il nous faut bien reconnaître que tout cela ne suffit pas à nous garantir une assurance de vie tranquille, « sans tracas ni bla-bla », avec en prime « le bonheur assuré » selon le slogan d'une grande compagnie.

Force est pourtant de constater que l'on ne peut se prémunir contre tous les risques. Quelle compagnie peut empê-

---

15. Ex 3, 12.
16. Ex 13, 22.

cher le vent de souffler en tempête, la maladie de me frapper, ceux que j'aime de mal user de leur liberté… ? Et quelle compagnie peut me couvrir au-delà des septante (soixante-dix) ou nonante (quatre-vingt-dix) ans de notre vie sur terre ? Ce qui vient ensuite, qui me l'assurera ?

Avec saint Paul, faisons un acte de foi et de confiance : *« Oui, j'en ai l'assurance, ni mort ni vie, ni anges ni principautés, ni présent ni avenir, ni puissances, ni hauteur ni profondeur, ni aucune autre créature ne pourra nous séparer de l'amour de Dieu manifesté dans le Christ Jésus notre Seigneur*[17]. » La véritable Assurance-vie est l'Amour de Dieu. Sûr de cela, je pourrai alors m'engager et avancer dans la Paix sur le chemin du Seigneur. Elle ne me garantit pas, ici-bas, une vie à l'abri de l'épreuve. Mais elle m'assure de la présence de Dieu qui marche à mes côtés et me conduit à la vie éternelle.

## *On ne peut pas toujours discerner*

Nous le voyons, dans bien des domaines, nous pouvons chercher et recevoir la lumière de Dieu qui chemine avec nous. Néanmoins, on rencontre parfois des situations où l'on ne voit pas clair.

Pensons à tel couple qui fait la douloureuse expérience du retard de l'enfant désiré sans que, médicalement, on puisse détecter une stérilité… Ils ne pourront pas forcément savoir si oui ou non ils vont être parents. Aucune session de discernement ne le leur révélera. Comment agir dans des situations comme celle-là ? Agir dans le sens qui nous semble juste et espérer. Un jour, si l'enfant n'est toujours pas là, peut-être que l'idée d'une adoption fera son chemin,

---

17. Rm 8, 39.

ou celle d'une fécondité missionnaire, par exemple…

Nous avons à consentir au fait que l'on ne sache pas toujours tout.

Dieu permet parfois que nous ne connaissions pas de quoi demain sera fait. Il y a là une école de confiance et d'abandon. Il faut nous garder de vouloir faire de la « discernomancie » comme on irait voir une voyante. Notre démarche de discernement doit être habitée par le désir de faire la volonté de Dieu, et non par une vaine curiosité ou par la peur du lendemain. Acceptons donc cette part d'inconnu qui pimente nos vies, et remettons-nous avec confiance dans les mains de Dieu.

Faire confiance, c'est bâtir sa maison sur le Roc. Cela ne signifie pas que nous échapperons à toutes les difficultés inhérentes à notre condition humaine, mais que nous restons dans la certitude qu'aucune de ces difficultés ne sera fatale, c'est-à-dire ne compromettra notre salut éternel. Laissons Jésus nous assurer de sa fidélité : *« Quiconque vient à moi, écoute mes paroles et les met en pratique, je vais vous montrer à qui il est comparable. Il est comparable à un homme qui, bâtissant une maison, a creusé, creusé profond et posé les fondations sur le roc. La crue survenant, le torrent s'est rué sur cette maison, mais il n'a pu l'ébranler, parce qu'elle était bien bâtie*[18]*. »*

Avec foi, redisons notre confiance au Seigneur en toutes circonstances par la prière du Psaume 27 :

*« Qu'une armée vienne camper contre moi,*
*mon cœur est sans crainte ;*
*qu'une guerre éclate contre moi,*
*j'ai là ma confiance.*

18. Lc 6, 48.

*Une chose qu'au Seigneur je demande,*
*la chose que je cherche,*
*c'est d'habiter la maison du Seigneur*
*tous les jours de ma vie,*
*de savourer la douceur du Seigneur,*
*de rechercher son palais.*

*Car il me réserve en sa hutte un abri*
*au jour de malheur ;*
*il me cache au secret de sa tente,*
*il m'élève sur le roc. »*

## Porter les affaires devant Dieu

Arrivés à ce point de notre lecture, il nous apparaît clairement que nous sommes appelés à obéir à Dieu dans les grands tournants comme dans les petits virages du chemin de nos existences. Nous avons compris également que ce chemin est une route sûre pour nos vies.

J'ai essayé dans ce livre de transcrire des clés de discernement assez précises qui sont d'un grand secours pour cheminer selon la volonté du Seigneur. Mais, nous l'avons vu, nous ne pouvons pas toujours connaître précisément ce que Dieu attend de nous dans telle ou telle circonstance. Comment alors nous assurer que le Seigneur mène nos pas [19] ? Un épisode du livre de l'Exode vient nous éclairer. Au chapitre 18, Jéthro, le beau-père de Moïse, lui donne une instruction pleine de sagesse pour la conduite du peuple : *« Maintenant, écoute le conseil que je vais te donner pour que Dieu soit avec toi. Tiens-toi à la place du peuple devant Dieu et introduis toi-même leurs causes*

---

19. Cf Ps 37, 23 : *« Le Seigneur mène les pas de l'homme, ils sont fermes et sa marche lui plaît. »*

*auprès de Dieu*[20]*.* » La traduction œcuménique de la Bible nous donne un autre éclairage sur ce passage : *« Toi, sois le représentant du peuple auprès de Dieu, et porte les affaires devant Dieu. »*

Il arrive parfois, même dans le domaine spirituel ou apostolique, que nous prenions nos décisions sans grande réflexion et sans recourir à la prière et à l'écoute du Saint-Esprit. Puis, lorsque le projet semble bien ficelé, nous demandons à Dieu de le bénir. Cela correspond à ce que quelqu'un appelait l'« œuvre pour Dieu ». Cet homme déplorait que, trop souvent même dans l'Église, on agisse ainsi, c'est-à-dire sans consulter le Seigneur. On peut bâtir de beaux projets, préparés par une multitude de réunions, moyennant parfois des engagements financiers considérables. Une fois la chose aboutie, on invite alors le Seigneur pour qu'Il bénisse la belle idée que l'on a élaborée pour Lui. Son intervention se résume en quelque sorte à mettre une cerise sur le gâteau. La bonne volonté s'y trouve sûrement, mais en agissant ainsi, on n'est pas certain de faire Sa volonté, et la fécondité n'est de loin pas assurée. L'enseignement dont il est ici question nous incite à passer de l'œuvre pour Dieu à « l'œuvre de Dieu ». Le moyen qui nous est proposé est simple : soumettre à Dieu nos projets, ou, pour le dire comme Jéthro : *« porter les affaires devant Dieu »*. Cette manière de faire est probablement un des plus beaux apports du Renouveau charismatique. Ainsi, dans cette mouvance, toutes les réunions débutent par une invocation du Saint-Esprit.

De manière similaire, lorsque nous avons des choses à décider, que ce soit dans les sphères familiales, professionnelles, financières, ou dans l'engagement ecclésial ou

---

20. Ex 18, 19.

social… nous pouvons véritablement présenter au Seigneur nos questions, de manière très concrète : « Seigneur, il me semble que… mais Toi, qu'en penses-tu ? »

Un évêque constatait souvent, en le déplorant, que l'on veut bâtir le royaume de Dieu sans le Roi. Porter les affaires devant Dieu, c'est, en quelque sorte, redonner la primauté à Dieu dans nos vies, remettre l'église au milieu du village de nos existences.

Mais comment mettre ce précepte en application dans la vie de tous les jours ? D'une manière toute simple : lorsque vous avez un projet, une décision à prendre, demandez à Dieu, dans la prière, si cela correspond à Sa volonté que vous agissiez de telle ou telle manière. Il faut pour cela avoir la conviction qu'Il s'intéresse à toutes les dimensions de notre vie. Agir ainsi atteste de notre prise de conscience que l'on est chrétien à plein-temps, et pas seulement le dimanche matin.

À partir de là, même sans réponse explicite ou signe éloquent, si j'applique dans la prière les critères usuels de discernement, je peux être certain d'agir selon la volonté de Dieu. Ceci mérite explication : avant de prendre telle décision, il est bon de demander à l'Esprit du Seigneur de conduire ma réflexion. L'acte que je m'apprête à poser est-il conforme à la Bible ? L'est-il à l'enseignement de l'Église ? Est-il compatible avec mon devoir d'état ?... Et avant de passer à l'acte, osons donner la possibilité à Dieu de nous montrer, par les moyens qu'Il voudra, parfois même par des obstacles, que ce que nous avons choisi n'est pas bon. Il s'agit, nous l'avons dit, de porter les affaires devant Dieu. Nous Lui laissons ainsi, d'une certaine manière, la possibilité d'intervenir. S'Il ne le fait pas, en homme ou femme libre et responsable, j'avance. Dans ces circonstances, pas de feu rouge signifie feu vert. Ce faisant, vous pouvez considérer que vous avez agi dans l'obéissance au Seigneur. Si un doute persiste, vous pouvez aussi vous faire confirmer par une personne de bon conseil.

Je pense que dans cette attitude, réside le fondement de la vie dans l'Esprit. Elle nécessite la mise en place d'un réflexe spirituel : soumettre à Dieu nos questions. Plus j'agirai ainsi, plus Il me conduira.

Ce faisant, nous pourrons avancer paisiblement selon le plan d'amour du Seigneur qui, nous le savons, fait tout concourir au bien de ceux qui aiment Dieu[21].

---

21. Cf. Rm 8, 28.

Chapitre huitième

# *ET SI ON A FAIT FAUSSE ROUTE ?*

## *Lorsqu'on a pris un autre chemin*

« C'est bien beau, tout ça », diront certains, en lisant ces réflexions sur le discernement spirituel, « mais moi, je ne connaissais pas cela et, par conséquent, je n'ai pas toujours pris le bon chemin ! » Qui d'ailleurs peut prétendre ne s'être jamais trompé ? Des erreurs, en effet, nous en faisons tous. Elles contribuent parfois à notre apprentissage de la vie. Il n'en demeure pas moins que ceux qui, découvrant le Seigneur et l'Évangile, se décident à marcher à sa suite, auraient orienté leur vie différemment s'ils l'avaient connu plus tôt. Du moins dans certains domaines.

Que faire alors dans ces conditions ?

On ne refait pas le passé, mais on peut le remettre au Seigneur. Il convient donc, lorsque c'est nécessaire, de remettre certains éléments de notre parcours à la Miséricorde de Dieu par le sacrement de réconciliation.

Le *Catéchisme de l'Église Catholique* nous indique les effets extraordinaires de ce sacrement : « Chez ceux qui reçoivent le sacrement de Pénitence avec un cœur contrit et dans une disposition religieuse, il est suivi de la paix et de la tranquillité de la conscience, qu'accompagne une forte consolation spirituelle. En effet, le sacrement de la réconciliation avec Dieu apporte une véritable “résurrection spirituelle”, une restitution de la dignité et des biens de la vie des enfants de Dieu dont le plus précieux est l'amitié de Dieu[1]. »

L'Église prend soin également de nous enseigner les dispositions dans lesquelles il doit être vécu : « Le sacrement de la Pénitence est constitué par l'ensemble des trois actes posés par le pénitent, et par l'absolution du prêtre. Les actes du pénitent sont : le repentir, la confession ou manifestation des péchés au prêtre et le propos d'accomplir la réparation et les œuvres de réparation[2]. »

La réparation, c'est-à-dire la compensation que je dois donner à celui à qui j'ai fait du tort, constitue un autre moyen de corriger la trajectoire. Ainsi, si j'ai volé, je suis invité à restituer ce que j'ai dérobé, du moins lorsque cela est possible. Si j'ai offensé, je peux demander pardon, de même si j'ai nui à la réputation d'autrui…

Ces attitudes ou d'autres du même type sont à même de nous aider à repartir d'un bon pied. Elles permettent bien souvent de retrouver la paix du cœur et la tranquillité de la conscience, tout en contribuant grandement au pardon et à la restauration des relations.

Malheureusement, on se trouve parfois confronté à des situations où, malgré notre bonne volonté, il n'est pas possible de changer son orientation.

Saint Ignace distingue les situations révocables de celles qui sont irrévocables.

S'il est possible de changer d'orientation, il est bon de le faire. Cela nécessite parfois beaucoup de courage. Comme

1. CEC § 1468.
2. CEC § 1491.

pour cette femme, dont nous avons parlé ci-dessus, décidant de rompre une relation non ajustée.

Pour les situations irrévocables, voici ce que nous indique saint Ignace :

> « Dans l'élection irrévocable, puisque l'élection a déjà été faite une fois, il n'y a plus à choisir, puisqu'on ne peut se délier, par exemple pour le mariage, le sacerdoce, etc. Il faut seulement voir, si l'élection n'a pas été faite comme il se doit… qu'on fasse en sorte de mener une vie bonne dans l'élection qu'on a faite[3]. »

Prenons un exemple : un jeune homme est appelé par le Seigneur à la vie sacerdotale ou religieuse. Au cours de son cheminement, dans les étapes temporaires, il rencontre une femme dont il s'éprend et réciproquement. Ils se marient. Comment vivre ce nouvel état ? Le plus chrétiennement possible[4].

Je me souviens du témoignage d'une femme, qui a cru, dans sa jeunesse, percevoir un appel à la vie religieuse. Il semble que cet appel était authentique. Mais cette femme usant de sa liberté préfère choisir un autre chemin. Pour elle, c'était celui du mariage. Et voilà que, environ dix ans après la célébration des noces, une crise conjugale assez marquée survient dans ce couple. À ce moment-là, l'épouse est saisie de doutes, qui vont jusqu'à provoquer un séisme intérieur. Elle va même se demander si leurs difficultés conjugales ne sont pas une punition divine, conséquence de son refus d'entrer en vie religieuse. Et un doute en entraîne un autre…

---

3. Règle 172.

4. Évidemment, cette situation est aussi possible à l'inverse, mais de manière plus rare, notamment par le fait que, pour les appels au sacerdoce ou à la vie religieuse, les moyens de discernement mis en œuvre sont souvent plus conséquents.

Son mariage va-t-il pouvoir continuer ?... Un peu de jugement nous permet d'y déceler une attaque du démon. En effet, cela fait partie de sa stratégie de viser nos points faibles, particulièrement lors de passages difficiles, afin de nous décourager. Une image nous permet de comprendre cela : quand l'ennemi voit une fente dans un tronc, il y met son coin pour essayer de la faire éclater. Dans nos moments difficiles, il se plaît à nous décourager et à nous faire croire que tout est bouché, que nous sommes presque « foutus ». Heureusement, ce couple a pu percevoir que ce qu'ils traversaient était une épreuve conjugale, somme toute assez normale, destinée bien plus à les faire mûrir et grandir dans l'amour qu'à les séparer.

Il est de la plus haute importance, pour les personnes qui ont perçu, à tort ou à raison, une vocation particulière et qui librement en ont embrassé une autre, qu'elles vivent cet état au plus près de l'Évangile et qu'elles aient alors la certitude que le Seigneur les bénit dans leur projet.

## *Lorsque l'on s'est éloigné du chemin*

Parti avec des intentions droites, il arrive parfois que, plus ou moins volontairement, on s'éloigne du chemin choisi. Une des merveilles du christianisme, c'est que l'on peut toujours revenir à Dieu, comme le fils prodigue qui, conscient de son égarement, décide de retourner vers son Père. Et le Père l'accueille, Lui qui attendait depuis si longtemps son retour : *« Pris de pitié ; il courut se jeter à son cou et l'embrassa tendrement. »* Puis Il le réhabilite totalement dans sa condition de fils[5]. Quel Père, mes amis ! Et ce Père est notre Père !

---

5. Cf. Lc 15, 11.

Dans ces circonstances, c'est-à-dire lorsque nous nous sommes éloignés, laissons résonner en nos cœurs cet appel que le Seigneur, par la voix de l'Église, nous adresse chaque année au début du carême : « *Mais encore à présent – oracle du Seigneur – revenez à moi de tout votre cœur, dans le jeûne, les pleurs et les cris de deuil. Déchirez votre cœur, et non vos vêtements, revenez au Seigneur, votre Dieu, car il est tendresse et pitié, lent à la colère, riche en grâce*[6]. »

Cet appel du prophète Joël retentit comme un appel à la pénitence et à la miséricorde de Dieu dans l'avertissement de l'imminence d'un danger. La sonnerie de la trompette annonce le jour de la colère contre le péché et le châtiment d'Israël. L'appel est entendu. Israël revient à Dieu qui épargne son peuple.

Il est fort recommandable, comme on le ferait durant un long voyage, de s'arrêter un peu, de temps à autre, pour considérer le chemin parcouru et l'itinéraire emprunté, afin de voir si nous sommes toujours en phase avec l'objectif discerné au départ. Au besoin, on peut alors corriger le tir et se remettre dans l'axe. Ce mouvement s'inscrit dans un mouvement de conversion. Par elle, on s'engage dans une orientation nouvelle, on se tourne vers un autre but ou un autre idéal que celui vers lequel on tendait précédemment ou on se recentre sur celui choisi initialement.

Notons que l'appel du prophète nous engage à nous convertir de tout notre cœur, c'est à dire de toutes nos facultés. Ce qui est certain, c'est que la grâce de Dieu nous est assurée pour vivre ce recentrage. Dieu nous donne la force de commencer à nouveau.

6. Jl 2, 12.

## *Tout serait-il écrit d'avance ?*

Une réflexion du cardinal Joseph Ratzinger nous permet d'avancer encore dans la compréhension du plan d'amour de Dieu pour nos vies et notre liberté. Dans le livre déjà cité [7], le journaliste interpelle l'homme de Dieu par une question que beaucoup se posent : « Une expression arabe essaye d'exprimer un grand mystère du monde : *maktub*. On peut la traduire à peu près ainsi : "c'est écrit !" Peut-être tout est-il effectivement écrit, toute l'histoire du monde, l'histoire de ma naissance et de ma mort. J'ai entendu dire un jour, lors d'une messe : "Heureux ceux qui sont déjà inscrits auprès de Dieu dans le grand livre de la vie." Dieu fixe-t-Il d'avance le chemin de chacun, de sorte que je n'aurais plus qu'à découvrir ce qu'Il a écrit à mon sujet ? » Réponse de celui qui est aujourd'hui notre pape Benoît XVI : « Bien que n'étant pas spécialiste de l'islam, je pense que, sur ce point, il y a une réelle contradiction ou du moins une différence entre l'islam et la foi chrétienne. L'islam part d'une très forte affirmation de la prédestination. Tout est déterminé d'avance et je vis dans ce filet solidement tissé. La foi chrétienne, au contraire, mise absolument sur le facteur liberté. Cela signifie que Dieu englobe tout. Il connaît tout. Il est le maître de l'histoire. Mais, malgré cela, Il l'a conçue de manière à laisser la liberté jouer son rôle. Il est ainsi possible que je m'écarte de son plan sur moi. » Le journaliste invite le cardinal à expliquer cela plus précisément. « C'est très mystérieux et difficile, répond le cardinal. Même dans le christianisme, la soi-disant doctrine de la prédestination a toujours eu cours. D'après cette doctrine, il est établi que ceux qui vont en enfer et ceux qui vont au ciel y étaient des-

---

7. Cardinal Joseph Ratzinger, *Voici quel est notre Dieu*, p. 38.

tinés, leur sort est fixé de toute éternité. » Là, le cardinal se fait catégorique : « La foi de l'Église l'a toujours refusé. Car la pensée que, individuellement, je ne peux plus rien faire – si je suis destiné à rôtir en enfer, c'est ainsi, et, de même si je suis destiné au ciel, c'est également ainsi – n'est certainement pas conforme à la foi. Dieu a créé une vraie liberté et accepte que ses plans soient contrariés (même si, d'une certaine manière, Il s'arrange pour que du neuf puisse en sortir). D'ailleurs, l'histoire le montre. C'est d'abord le péché d'Adam qui renverse le projet de Dieu. La réponse de Dieu est de se donner encore plus fortement, de se donner lui-même dans le Christ. C'est l'exemple majeur. Mais il y en a beaucoup d'autres… Par ces modèles, l'Écriture nous permet de comprendre que Dieu, d'une part, accepte pleinement la liberté et, d'autre part, qu'Il est si grand qu'Il peut transformer la défaillance et la destruction en nouveau commencement qui dépasse même le premier et apparaît plus grand et meilleur. Dieu sait tout et, cependant, d'autres projets sont possibles. Les plus grands philosophes et théologiens se sont cassé la tête là-dessus. Notre capacité s'arrête là, parce que nous ne sommes pas Dieu et que notre horizon est singulièrement limité. Mais je pense que nous pouvons comprendre ce qui est immédiat. Dieu reste maître de l'histoire. Il est mon maître, mais me laisse la liberté de devenir quelqu'un qui aime, ou qui refuse d'aimer. C'est pourquoi Dieu ne m'a pas programmé de manière invariable, mais Il m'a laissé une marge de manœuvre que nous appelons liberté. »

Il valait la peine de le citer longuement. Un tel texte est en effet en mesure de nous éclairer sur des questions importantes dans le cadre de nos choix de vie. À travers la Révélation et l'enseignement de l'Église, il apparaît donc que Dieu a un plan d'amour pour nous, qu'on appelle la vocation. La meilleure attitude consiste à mettre en œuvre ce qui convient pour découvrir ce projet divin, aussi bien dans les grands appels de notre vie que dans les situations d'importance relative et jusque dans notre quotidien. Toutefois, si l'on se rend compte un jour que, parce que nous ne connaissions pas Dieu, ou que nous l'avions délaissé, ou même que nous avions délibérément choisi une autre voie que celle proposée par le Seigneur, nous nous sommes écartés du plan divin, nous pouvons être certains, dans la mesure où nous le désirons, que Dieu vient nous rejoindre dans la nouvelle page de notre histoire, à condition que nous nous appliquions à la vivre avec Lui.

Chapitre neuvième

# *UNE FOIS LA DÉCISION PRISE…*

## *Persévérer*

Josué était l'un des plus proches collaborateurs de Moïse. Au moment de la mort de celui-ci, le Seigneur le charge de conduire le peuple vers la Terre Promise. Il l'assure de sa fidélité et lui donne deux ordres : le premier est réitéré trois fois : *« Sois fort et tiens bon. »* Dans le deuxième, Dieu lui demande de veiller à agir selon toute la Loi que Moïse lui a prescrite et de ne s'en écarter ni à droite ni à gauche. Josué est invité non seulement à obéir à cette loi, mais à la méditer, à l'aimer. À ces deux ordres, sont associées deux promesses : le bonheur et la réussite dans ses entreprises.

Si nous voulons rester fidèles à nos engagements pris avec le Seigneur, alors cette parole s'adresse à nous :

> *« Sois fort et tiens bon ! Sois sans crainte ni frayeur, car le Seigneur ton Dieu est avec toi dans toutes tes démarches* [1]. *»*

Madeleine Delbrêl, avec beaucoup d'à-propos, atteste qu'il peut nous arriver de traverser des étapes dans les-

1. Cf. Jos 1, 1-8.

quelles nous nous décourageons. Dans ces moments-là aussi, pourtant, nous sommes appelés à tenir ferme, parfois même à rechoisir ce que nous avions décidé, à entrer dans un oui plus profond et plus réaliste :

> « Ce que tu avais choisi pour devenir un bon chrétien te fait détester la vie chrétienne. Or il a été expérimentalement constaté que ces mêmes mots sont dits, criés, soupirés, pleurés par :
> - les femmes devant leur mari après dix ans de ménage,
> - les maris devant leur femme en fêtant leur dixième anniversaire de mariage,
> - les médecins après dix ans de médecine,
> - les militants après dix ans d'engagement,
> - les missionnaires après dix ans d'apostolat,
> - tout chrétien après dix ans de vie chrétienne.
>
> À noter que certaines variations s'observent quant à la date de cette épreuve. Selon les cas, dix ans peuvent être sept ans ou treize. Mais quel que soit le nombre d'années, l'impression de durée est la même chez tous les patients[2]. »

L'effort consiste alors à persévérer. Par sens du devoir et de l'engagement, certainement, mais pas uniquement. Il ne s'agit pas de tenir bon en se crispant, de persévérer de manière tendue, mais d'essayer, avec la grâce de Dieu, de continuer le chemin par amour de Celui ou de ceux avec qui nous nous sommes engagés.

Ce n'est pas toujours facile, nous le voyons par le témoignage de Madeleine Delbrêl et par notre propre expérience.

Il est bon alors de nous rappeler ce que l'Esprit du Seigneur disait à l'Ange de l'Église d'Éphèse :

> *« Je connais ta conduite, tes labeurs et ta constance… Tu as de la constance : n'as-tu pas souffert pour mon nom, sans te*

---

2. Madeleine Delbrêl, un jour de cafard, dans *Alcide, guide simple pour simples chrétiens, carnet de route du chrétien ordinaire.*

*lasser ? Mais j'ai contre toi que tu as perdu ton amour d'antan. Allons ! Rappelle-toi d'où tu es tombé, repens-toi, reprends ta conduite première*[3]. »

Ce qui peut aider, lorsque ta persévérance se fait lassitude, c'est de penser à l'élan des premiers jours, de faire mémoire de la joie qui imprégnait la décision que tu as prise pour suivre ton Seigneur, pour aimer ton époux, pour accueillir ton enfant, pour te lancer dans telle profession ou entreprise... Le Seigneur était là. Le Seigneur est encore là, car « *Il est fidèle, Celui qui nous appelle*[4] ».

Nous le voyons, la persévérance prendra parfois le visage de la patience dans l'épreuve ou dans la lassitude. À d'autres moments, elle consistera à durer dans nos choix, même si, dans les conséquences de ceux-ci, il ne se passe pas toujours quelque chose d'exaltant.

On raconte l'histoire d'un petit sapin qui ne se trouvait pas bien là où il était planté. Il s'adresse alors à Dieu pour Lui faire des réclamations : « Tu m'as mis à la montagne. L'été, ça va bien, mais en hiver, j'ai trop froid. Je t'en prie, plante-moi ailleurs... » Et le Seigneur transplanta le petit sapin tout proche de la mer. Il était content, il faisait bien moins froid qu'à la montagne. Mais l'été arriva. Il ne supporta pas le mistral et craignit de finir par perdre ses aiguilles. Et puis... il avait presque trop chaud. « S'il te plaît, Seigneur, déplace moi dans les Landes. » Mais il se rendit compte qu'il n'aimait pas le sable... Finalement, il se souvint de la montagne où il n'était pas si mal et eut le désir de retrouver ses origines... S'adressant à nouveau au Seigneur, il Lui dit : « Seigneur, je t'en prie, ramène-moi à

3. Ap 2, 3.
4. 1 Th 5, 24.

la montagne. » Ce que fit le Seigneur. Le petit sapin y retrouva tous ceux qu'il aimait, mais se rendit compte qu'ils avaient tous grandi alors que lui était resté petit. C'est qu'il n'avait su ou n'avait accepté de prendre racine nulle part.

C'est par votre persévérance que vous assurerez fécondité à vos choix et connaîtrez la paix et la joie qui sont le partage des amis de Dieu. Laissons-nous encourager par saint Paul : *« Ainsi donc, mes frères bien-aimés et tant désirés, ma joie et ma couronne, tenez bon de la sorte, dans le Seigneur, mes bien-aimés*[5]*. »*

## *Je suis là où je dois être*

Saint Bernard de Clairvaux s'arrêtait parfois pour se répéter à lui-même : « Bernard, pourquoi es-tu venu en religion ? » C'était sa façon de s'interpeller pour se resituer face à l'essentiel, face à sa vocation.

Qu'est-ce que je fais ici ? Voilà une question que tout un chacun peut être amené à se poser pour faire le point sur son chemin. Il peut être important en effet de se resituer dans ce qui est essentiel et ce qui est accessoire pour nos vies.

Parfois, nous nous posons ce type de question dans une tout autre optique : « Qu'est-ce que je fais là ? Ne suis-je pas en train de perdre mon temps, de passer à côté d'autre chose ?... »

Je me souviens, alors que j'étais dans une situation difficile, dans un endroit où je n'avais pas du tout envie d'être, que j'ai retrouvé la paix du cœur et le zèle pour la mission en me disant : « Je suis là où Dieu veut que je sois en ce moment. » Être à sa place, même si ce n'est pas toujours

5. Ph 4, 1.

une place très enviable, est une certitude qui génère le courage de continuer et la paix.

Ainsi, l'étudiant qui en a « marre » de ses études, alors qu'il lui reste encore deux ans « à tirer », peut retrouver du souffle en s'exhortant lui-même de la sorte : « Inutile de tergiverser, ces études, j'avais décidé de les faire, car j'ai envie d'exercer tel métier. Alors, même si c'est difficile, je persévère. »

Je n'ai pas envie de le faire, mais je sais que je dois le faire, alors je le fais ! Une religieuse dominicaine affectée à un service nécessaire pour la vie de sa communauté, mais qu'elle n'aurait peut-être pas choisi spontanément, a travaillé une grande partie de sa vie en se redisant souvent : « Je ne fais pas ce que j'aime, j'aime ce que je fais. » Elle avait d'ailleurs écrit cette maxime sur un panneau que l'on pouvait lire sur son lieu de travail. J'ai côtoyé cette sœur durant des années. Je n'ai jamais eu à me demander si elle était heureuse, le bonheur se lisait sur son visage.

Au cours d'une interview lors des Journées Mondiales de la Jeunesse, un journaliste demande à un homme d'Église le secret de la bonne forme de Jean-Paul II. Réponse : « Le pape va bien parce qu'il va. Parce qu'il va où le Seigneur lui dit d'aller. » À méditer !

## *Dans le brouillard, on ne change pas de cap*

Dans les moments difficiles, durant lesquels nous pouvons être ébranlés jusqu'aux fondements de notre appel ou de nos choix, il faut appliquer une règle de la plus haute importance qui pourrait s'énoncer ainsi : « On ne change pas de cap dans le brouillard ! » C'est fondamental. Disons-le avec les mots de saint Ignace de Loyola.

« En période de désolation, ne jamais faire de changement, mais s'en tenir avec fermeté et constance aux décisions et à la détermination dans laquelle on était le jour qui a précédé la désolation, ou à la détermination dans laquelle on était pendant la consolation qui a précédé. Car, dans la consolation, c'est plus le bon Esprit qui nous guide et nous conseille et dans la désolation, c'est le mauvais dont les conseils ne peuvent nous faire prendre un chemin qui aboutit. »

Que ce soit dans la vie religieuse, dans l'état du mariage, dans la vie professionnelle ou dans d'autres situations très engageantes, lorsque nous sommes dans les situations d'épreuve, de doute, de désert, d'obscurité… il faut s'en tenir à la décision prise. En effet, le tentateur profite de ces situations qui nous fragilisent pour venir nous déstabiliser avec des suggestions très pernicieuses dont la plus courante est : « Et si tu t'étais trompé ? » Il cherchera également à nous faire croire que ce ne sera plus jamais comme avant, que la difficulté durera toujours… Bref, à nous persuader que nous avons une seule issue possible : la fuite.

En haute montagne, il est arrivé à des hommes de mourir de froid. Leur ennemi n'était pas d'abord les basses températures, mais le brouillard. En effet, lorsqu'on retrouvait ces malheureux, ils gisaient parfois à quelques dizaines de mètres du refuge. En observant leurs pas, on pouvait constater qu'ils étaient passés plusieurs fois à proximité du refuge, mais le brouillard épais les avait empêchés de distinguer l'abri chauffé qui aurait été leur salut. On ne change pas de cap dans le brouillard, parce que dans le brouillard, on ne voit pas clair. Dans la désolation, le mauvais esprit cherche à nous égarer. Il s'agit donc de faire mémoire de la décision prise de manière sérieuse par temps clair et de s'y tenir.

Le navigateur, pour arriver à bon port, doit se fier à une carte maritime. Dans le brouillard, la carte à laquelle il faut croire, c'est la foi, elle remplace la vue. Notre carte, notre boussole, c'est la Parole de Dieu, l'enseignement de l'Église, l'obéissance à laquelle nous nous sommes engagés, les engagements prononcés... Nous devons alors accepter de ne pas vivre selon ce que nous voyons ou ressentons, mais selon ce que nous croyons et selon ce à quoi nous nous sommes engagés. Dans ces conditions, l'engagement prend le relais du sentiment. Je ne m'oriente pas en fonction de ce que je ressens (dans les moments de «ras-le-bol», ce peut être dangereux) mais en fonction de ce à quoi je me suis engagé. Combien de mariages ont été sauvés par la mise en application de ce principe. Ce faisant, les sentiments, comme le soleil, reviendront bien vite, renouvelés, approfondis.

Quand le soleil brillera à nouveau, il y a une très forte probabilité que vous disiez alors : «Heureusement que j'ai tenu le cap.»

J'insiste, car ceci est très important. L'expérience montre que, même si l'on est avisé de ces choses, certaines situations de crise sont tellement déstabilisantes qu'on peut alors remettre en cause les orientations les plus fondamentales de notre vie.

Il va de soi que si on ne doit pas changer les options essentielles, quelques aménagements peuvent contribuer à nous redonner courage.

Enfin, il est bon de se rappeler que le Seigneur ne permettrait pas ces moments difficiles s'ils n'étaient pas de formidables occasions de croissance. Dans *Vita Consecrata*[6], Jean-Paul II décrit les situations critiques que l'on peut vivre à toutes les étapes de la vie. Après avoir passé en revue les causes de ces difficultés, il nous indique des moyens pour

6. *Exhortation apostolique sur la vie consacrée*, publiée le 28 mars 1996, n° 70.

mieux vivre ces circonstances où il est plus difficile d'être fidèles. Ces moyens passent principalement par la demande d'aide et le réconfort apportés par nos plus proches. Enfin, il nous encourage à croire que Dieu peut tirer un bien de ces épreuves et que sa grâce nous est assurée :

> « La personne éprouvée parviendra ainsi à accepter la purification et le dépouillement comme des voies privilégiées pour suivre le Christ crucifié. L'épreuve elle-même apparaîtra comme un moyen providentiel de formation entre les mains du Père, comme un combat non seulement psychologique, mené par le moi dans sa relation avec lui-même et avec ses faiblesses, mais aussi religieux, marqué chaque jour par la présence de Dieu et par la puissance de la croix. »

Pour conclure cette partie, écoutons le conseil exigeant de saint Ignace :

> « Bien que dans la désolation, nous ne devions pas changer nos résolutions premières, il est très profitable de se changer vigoureusement soi-même… [7] »

Croyons-le pour nous et pour les autres : ces moments sont de précieuses occasions de croissance.

Alors, gardons courage. Demandons la grâce de croire à un au-delà du désert, comme si nous voyions l'invisible. Et laissons-nous réconforter par l'expérience d'un grand ami de Dieu :

> « En consentant à vivre au jour le jour, à marcher en toute confiance, la main dans la main du Père : on trouve à chaque instant la grâce proportionnée à l'effort exigé [8]. »

---

7. *Exercices spirituels,* 319.
8. Père Victor Sion, *L'instant présent*, Éditions des Béatitudes, p. 28.

## *Rien que pour aujourd'hui*

Parmi les poésies de sainte Thérèse de l'Enfant-Jésus, il en est une que j'aime particulièrement. Thérèse lui a donné pour titre : « Mon chant d'aujourd'hui[9] ».

« Ma vie n'est qu'un instant, une heure passagère,
Ma vie n'est qu'un seul jour qui m'échappe et qui fuit,
Tu le sais, ô mon Dieu ! pour t'aimer sur la terre,
Je n'ai rien qu'aujourd'hui !... »

Vivre dans le « rien que pour aujourd'hui » nous permet de ne pas passer à côté du réel, de l'instant présent. Nous risquons cette déviance si nous sommes toujours à ressasser le passé ou si nous nous projetons trop dans l'avenir.

Le père Victor Sion, ami et connaisseur de la petite voie de Thérèse, nous précise la grande valeur de notre fidélité à l'instant présent :

> « L'instant présent est le point de rencontre de l'âme avec Dieu [...] le point de contact avec la volonté divine. Quels que soient sa forme et son contenu, il est, de par sa nature même, l'expression de la volonté de Dieu sur nous. À cette minute précise, Dieu veut nous voir accomplir telle action qui, bien souvent, ne sera ni extraordinaire ni grandiose, mais banale et infime, et dont la seule valeur sera la volonté de Dieu. Mais précisément, cette volonté n'est-elle pas suffisante ? [...] Si à tel moment le Seigneur nous demande d'être à telle place, accomplissant telle action, c'est parce qu'Il nous attend là. À ce point précis, nous le rencontrons, et si nous le cherchons ailleurs, nous le manquerons[10]. »

« Oh ! Je t'aime Jésus ! vers toi mon âme aspire,
Pour un jour seulement reste mon doux appui.
Viens régner dans mon cœur, donne-moi ton sourire,
Rien que pour aujourd'hui ! »

---

9. Poésie 5.
10. Père Victor Sion, *La grâce de l'instant présent*, *La chance du chrétien*, p. 19.

Cette attitude nous entraîne également à tenir bon lorsque la tâche semble au-dessus de nos forces :

> « Si je songe à demain, je crains mon inconstance,
> Je sens naître en mon cœur la tristesse et l'ennui.
> Mais je veux bien, mon Dieu, l'épreuve, la souffrance,
> Rien que pour aujourd'hui.
>
> Que m'importe, Seigneur, si l'avenir est sombre,
> Te prier pour demain, oh non, je ne le puis !
> Conserve mon cœur pur, couvre-moi de ton ombre,
> Rien que pour aujourd'hui. »

Nous retrouvons là le principe « un jour à la fois » proposé par certaines associations aidant des personnes alcooliques ou souffrant d'autres dépendances. L'idée d'arrêter de boire pour un mois ou une année peut apparaître impossible, mais on veut bien essayer pour vingt-quatre heures. Puis, encouragé par ce succès, on renouvelle l'expérience, jusqu'à la complète liberté.

Nous sommes appelés à voir loin lors de la décision. Mais pour la mise en œuvre, vivons un jour après l'autre, dans la fidélité.

Cette attitude n'est pas motivée par la déresponsabilisation, mais par la confiance filiale et la certitude que la grâce de Dieu nous est donnée jour après jour :

> « Si l'âme remet son avenir entre les mains de Dieu, elle n'adopte pas l'attitude de l'autruche qui se cache la tête dans le sable afin de ne pas voir le danger. Elle sait regarder en face la souffrance possible, mais elle ne s'en tourmente pas à l'avance, elle ne s'inquiète pas de savoir comment elle la supportera [11]. »

11. Père Victor Sion, p. 27.

## *Goûter à la joie du maître*

Un jour, avec quelques amis, nous méditions sur le texte dit des « ouvriers de la dernière heure ». Dans ce passage de l'Évangile, saint Matthieu nous présente un employeur qui accorde le même salaire au dernier venu qu'à celui qui a porté tout le poids du jour. L'un de nous s'interrogea alors, se demandant quel intérêt il pouvait y avoir à se fatiguer depuis le matin pour un salaire identique au dernier arrivé. Le plus jeune d'entre nous répondit : « Quel intérêt ? La joie d'avoir passé toute la journée avec le Maître. »

Jésus lui-même nous l'affirme : *« Heureux ces serviteurs que le maître en arrivant trouvera en train de veiller*[12] *! »*

Vraiment, il y a de la joie à demeurer dans la maison du Seigneur, c'est-à-dire à savoir que nous marchons selon ses voies et ses volontés. Qui pourra dire la joie d'être, malgré notre indignité, serviteur du Dieu vivant ? Le prêtre en célébrant, en confessant, en proclamant la Parole de Vie est serviteur du Dieu vivant, la religieuse l'est en disant son office et en vivant la charité fraternelle au cœur de sa communauté, la mère de famille en élevant ses enfants et en remplissant son devoir d'état, le chef d'entreprise en gérant au mieux les talents qu'il a reçu, l'ouvrier en accomplissant son travail avec cœur et compétence[13]...

Les joies naturelles toutes simples, aussi bonnes soient-elles, ne sont pas faites pour durer toujours. Il est une joie plus profonde encore à retrouver ou à faire grandir : c'est la Joie chrétienne. Cette joie est spirituelle. Son motif, sa cause, sa source : Dieu. Paul VI la décrit comme « participation spirituelle à la joie insondable de Dieu[14] ».

---

12. Lc 12, 36.
13. Timothée est même appelé par Paul le « collaborateur de Dieu », 1 Th 3, 2.
14. Paul VI, *Exhortation apostolique sur la joie chrétienne.*

Cette joie, cette allégresse si belle et si désirable s'épanouit dans une vie ajustée au Seigneur. D'où l'importance de s'appliquer à choisir, discerner, décider, selon l'Esprit de Dieu. « La joie est liée à la réussite de notre vie chrétienne. La joie est le signe de l'authenticité et de l'épanouissement de la vie », nous dit le père Pinckaers. Non pas une réussite selon les critères humains, mais selon le plan d'Amour de notre Dieu.

Un jour, Pierre posa à Jésus une question dont, finalement, la réponse intéresse tout le monde :

*« Voici que nous, nous avons tout laissé et nous t'avons suivi, quelle sera donc notre part ? »*

Jésus leur dit :

*« En vérité je vous le dis, à vous qui m'avez suivi : dans la régénération, quand le Fils de l'homme siégera sur son trône de gloire, vous siégerez vous aussi sur douze trônes, pour juger les douze tribus d'Israël. Et quiconque aura laissé maisons, frères, sœurs, père, mère, enfants ou champs, à cause de mon nom, recevra bien davantage et aura en héritage la vie éternelle*[15]*. »*

Saint Luc nous rapporte que, après que Jésus les ait envoyés en mission, les disciples rentrèrent assez satisfaits de leurs succès apostoliques.

*« Les soixante-douze revinrent tout joyeux, disant : Seigneur, même les démons nous sont soumis en ton nom ! »*

Jésus confirme cette réussite et leur rappelle que c'est de Lui que provient le pouvoir sacré qu'ils ont reçu :

*« Je voyais Satan tomber du ciel comme l'éclair ! Voici que je*

---

15. Mt 19, 28.

*vous ai donné le pouvoir de fouler aux pieds serpents, scorpions, et toute la puissance de l'Ennemi, et rien ne pourra vous nuire.* »

Puis il élève leur regard vers des perspectives éternelles :

« *Cependant, ne vous réjouissez pas de ce que les esprits vous sont soumis ; mais réjouissez-vous de ce que vos noms se trouvent inscrits dans les cieux.* »

Ainsi, les apôtres pourront demeurer dans une joie profonde également lorsque tout ne se déroulera pas comme ils l'avaient prévu. « *À cette heure même* », nous dit l'Évangile, comme pour souligner l'importance de cet enseignement, et le fait qu'il est accessible à tous ceux qui ont un cœur simple :

« *Jésus tressaillit de joie sous l'action de l'Esprit Saint et il dit : "Je te bénis, Père, Seigneur du ciel et de la terre, d'avoir caché cela aux sages et aux intelligents et de l'avoir révélé aux tout-petits. Oui, Père, car tel a été ton bon plaisir"*[16]. »

Les réponses aux appels du Seigneur sont un chemin pour la conduite de nos vies et la préparation d'une éternité de délices. Alors, frères et sœurs, servons dans la joie, selon l'appel de saint Paul :

« *Ne brisez pas l'élan de votre générosité, mais laissez jaillir l'Esprit ; soyez les serviteurs du Seigneur. Aux jours d'espérance, soyez dans la joie ; aux jours d'épreuve, tenez bon ; priez avec persévérance*[17]. »

Jusqu'à l'instant sublime où nous entendrons retentir la voix du Bien-Aimé pour l'ultime appel :

---

16. Lc 10, 18.
17. Rm 12, 11 (traduction liturgique).

*« C'est bien, serviteur bon et fidèle, lui dit son maître, en peu de choses tu as été fidèle, sur beaucoup je t'établirai ; entre dans la joie de ton Seigneur*[18]. »

18. Mt 25, 21.

# Conclusion

## *FAIS CELA ET TU VIVRAS !*

Un jour, alors que Jésus montait vers Jérusalem, un légiste se leva et interrogea Jésus avec comme intention, nous dit l'Évangile, de l'éprouver. Sans doute y avait-il aussi, au-dedans de lui, un désir sincère d'entendre une parole de sagesse pour orienter sa vie. *« Maître, que dois-je faire pour avoir en héritage la vie éternelle ? »* Il lui dit : *« Dans la Loi, qu'y a-t-il d'écrit ? Comment lis-tu ? »* Celui-ci répondit : *« Tu aimeras le Seigneur ton Dieu, de tout ton cœur, de toute ton âme, de toute ta force et de tout ton esprit ; et ton prochain comme toi-même. » « Tu as bien répondu, lui dit Jésus ; fais cela et tu vivras*[1]. »

Fais cela et tu vivras. Je me souviens avoir été marqué, lors d'une célébration, par la manière un peu surprenante d'un prêtre de réciter le Notre Père. Ayant énoncé le *« que ta volonté soit faite »*, il s'arrête un bref instant et ajoute : « par moi, aujourd'hui ».

Un autre prêtre lors d'une Messe s'engage dans une homélie enflammée, empreinte d'un grand zèle pour le Seigneur. Ses paroles percutantes exhortaient l'assemblée à mener une vie chrétienne plus exigeante, plus authentique,

1. Lc 10, 26.

plus belle. À la sortie de la célébration, un homme dit à son ami : « Eh bien dis donc, qu'est-ce qu'il leur a mis, le curé… » « Qu'est-ce qu'il leur a mis ? Ne crois-tu pas que c'était aussi pour toi ? » lui rétorque l'autre. Toutes ces clés spirituelles ne valent que si l'on s'en sert. Vous pouvez posséder un trousseau de clés à faire pâlir d'envie un cambrioleur, elles ne pourront ouvrir aucune porte si elles restent enfermées dans une armoire. Les quelques connaissances que nous pouvons acquérir sur la vie spirituelle sont réellement à même d'influer sur le cours de nos vies dans la mesure où nous en vivons. La Parole de Dieu est une parole vivante. Les paroles de Jésus sont Esprit et elles sont Vie[2]. *« Je suis le Chemin, la Vérité et la Vie,* nous dit Jésus*, nul ne vient au Père que par moi*[3]*. »*

Ce faisant, nous pourrons cheminer dans la confiance. Par temps clair comme au milieu des vagues, nous pourrons demeurer dans la paix et, conduits par l'Esprit, nous parviendrons à bon port, vers le phare lumineux de l'Amour[4].

Sainte Faustine nous encourage à persévérer dans cette voie :

> « Dieu est généreux et ne refuse sa grâce à personne. Il donne même plus que nous ne demandons. La voie la plus courte [pour la sainteté] est la fidélité aux inspirations de l'Esprit Saint. »

Au temps où le Seigneur transmettait aux hommes la Loi de vie, du milieu du feu, Dieu s'adressa à Moïse en faveur de tout le peuple :

---

2. Jn 6, 63.
3. Jn 14, 6.
4. Cf. Ste Thérèse de l'Enfant-Jésus, *Manuscrits autobiographiques*, B3 verso.

*« Ah ! Si leur cœur pouvait toujours être ainsi, pour me craindre et garder mes commandements en sorte qu'ils soient heureux à jamais, eux et leurs fils... Gardez et mettez en pratique ! Ainsi vous l'a ordonné le Seigneur votre Dieu. Ne vous écartez ni à droite ni à gauche. Vous suivrez tous le chemin que le Seigneur votre Dieu vous a tracé, alors vous vivrez, vous aurez bonheur et longue vie dans le pays dont vous allez prendre possession*[5]*. »*

Alors, avec tous les amis de Dieu, nous pourrons nous écrier :

*« Tu m'as fait connaître des chemins de vie, tu me rempliras de joie en ta présence*[6]*. »*

AMEN ALLELUIA !

5. Dt 5, 29.
6. Ac 2, 28 ; Ps 16, 11.

*« Nous demandons à Dieu qu'Il vous fasse parvenir*
*à la pleine connaissance de sa volonté,*
*en toute sagesse et intelligence spirituelle.*
*Vous pourrez ainsi mener une vie digne du Seigneur*
*et qui Lui plaise en tout :*
*vous produirez toutes sortes de bonnes œuvres*
*et grandirez dans la connaissance de Dieu ;*
*animés d'une puissante énergie*
*par la vigueur de sa gloire,*
*vous acquerrez une parfaite constance et endurance ;*
*avec joie vous remercierez le Père*
*qui vous a mis en mesure de partager*
*le sort des saints dans la lumière. »*

(Col 1, 9b-11)

# *Annexes*

## 1. Prières au Saint-Esprit

*« Un rejeton sortira de la souche de Jessé, un surgeon poussera de ses racines. Sur lui reposera l'Esprit du Seigneur, esprit de sagesse et d'intelligence, esprit de conseil et de force, esprit de connaissance et de crainte du Seigneur : son inspiration est dans la crainte du Seigneur*[1]. »

Nous l'avons vu : la voie la plus courte (pour la sainteté) est la fidélité aux inspirations du Saint-Esprit. Il nous aide à découvrir ce qui est le meilleur, le plus ajusté à la volonté du Seigneur pour pouvoir choisir, décider et agir en fils de Dieu.

De fait, par les sacrements du baptême et de la confirmation, nous avons reçu l'onction de l'Esprit Saint qui nous instruit et nous conduit vers la vérité tout entière.

Toute démarche de discernement doit donc se vivre dans la prière à l'Esprit Saint. Pour aider le lecteur dans cette démarche, je propose ici quelques prières de la tradition chrétienne.

1. Is 11, 2.

## *Veni Creator*

Viens, Esprit Créateur, nous visiter
Viens éclairer l'âme de tes fils ;
Emplis nos cœurs de grâce et de lumière,
Toi qui créas toute chose avec amour.

Toi le Don, l'envoyé du Dieu Très Haut,
Tu t'es fait pour nous le Défenseur ;
Tu es l'Amour, le Feu, la source vive,
Force et douceur de la grâce du Seigneur.

Donne-nous les sept dons de ton amour,
Toi le doigt qui œuvres au Nom du Père ;
Toi dont Il nous promit le règne et la venue,
Toi qui inspires nos langues pour chanter.

Mets en nous ta clarté, embrase-nous,
En nos cœurs, répands l'amour du Père ;
Viens fortifier nos corps dans leur faiblesse,
Et donne-nous ta vigueur éternelle.

Chasse au loin l'ennemi qui nous menace,
Hâte-toi de nous donner la paix ;
Afin que nous marchions sous ta conduite,
Et que nos vies soient lavées de tout péché.

Fais-nous voir le visage du Très Haut,
Et révèle-nous celui du Fils ;
Et toi l'Esprit commun qui les rassemble,
Viens en nos cœurs, qu'à jamais nous croyions en toi.

Gloire à Dieu notre Père dans les cieux,
Gloire au Fils qui monte des Enfers ;
Gloire à l'Esprit de Force et de Sagesse,
Dans tous les siècles des siècles. Amen.

## *Séquence de Pentecôte (Veni Sancte Spiritus)*

Viens, Esprit Saint, en nos cœurs
et envoie du haut du ciel
un rayon de ta lumière.

Viens en nous, père des pauvres,
viens, dispensateur des dons,
viens, lumière de nos cœurs.

Consolateur souverain,
hôte très doux de nos âmes,
adoucissante fraîcheur.

Dans le labeur, le repos ;
dans la fièvre, la fraîcheur ;
dans les pleurs, le réconfort.

Ô lumière bienheureuse,
viens remplir jusqu'à l'intime
le cœur de tous les fidèles.

Sans ta puissance divine,
il n'est rien en aucun homme,
rien qui ne soit perverti.

Lave ce qui est souillé,
baigne ce qui est aride,
guéris ce qui est blessé.

Assouplis ce qui est raide,
réchauffe ce qui est froid,
rends droit ce qui est faussé.

À tous ceux qui ont la foi
et qui en toi se confient
donne tes sept dons sacrés.

Donne mérite et vertu,
donne le salut final,
donne la joie éternelle.

## *Roi du Ciel, Consolateur*

Roi du Ciel, Consolateur, Esprit de Vérité,
toi qui es partout présent et emplis tout.
Trésor des biens et source de vie,
viens, fais ta demeure en nous ;
purifie-nous et sauve-nous,
toi qui es bonté.
(Liturgie byzantine)

## *Esprit Saint, âme de mon âme*

Ô Esprit Saint, âme de mon âme, je vous adore.

Éclairez-moi, guidez-moi, fortifiez-moi, consolez-moi ; dites-moi ce que je dois faire, donnez-moi vos ordres ; je vous promets de me soumettre à tout ce que vous désirez de moi et d'accepter tout ce que vous permettrez qu'il m'arrive. Faites-moi seulement connaître votre volonté. Amen.
(Cardinal Mercier)

## 2. Saint Ignace de Loyola

Sur le chemin du discernement, le guide par excellence, c'est évidemment Jésus lui-même. Il est notre Bon Berger. Nous devons aussi chaque jour et à tout instant nous confier à l'Esprit Saint qui est Esprit de sagesse, d'intelligence, de conseil et de force, de science, de piété et de sainte crainte de Dieu[2].

Dans le trésor de vingt siècles de l'Église, il nous est d'un grand profit d'avoir également recours à nos amis les saints. Parmi eux, il convient de mettre en exergue saint Ignace de Loyola. Il est sans doute celui qui a le plus enrichi l'Église au niveau du discernement des esprits. Même si cet ouvrage n'est pas directement de spiritualité ignacienne, j'ai fait souvent, explicitement ou implicitement, référence à saint Ignace et à son enseignement.

Saint Ignace de Loyola naît en 1491 au château de Loyola en Espagne. Ses parents le prénomment Inigo. Près de quarante ans plus tard, au début de ses études à Paris, il va changer son nom en celui d'Ignacio (Ignace en français).

En 1506/1507, Inigo adolescent se rend à Arévalo et devient page à la cour espagnole. Il est un jeune noble et s'initie à la vie de la cour et au métier des armes.

Très ambitieux, il n'a peur de rien pour obtenir un rang, une gloire. Il se décrira lui-même comme un homme adonné aux vanités de ce monde, se délectant surtout de l'exercice des armes, avec un grand et vain désir de gagner de l'honneur[3]. Il envisage alors de conquérir une dame de très haute lignée.

---

2. CEC § 1831.

3. *Récit,* paragraphe I.

En 1521, c'est la guerre avec la France, au sujet de la Navarre. Ignace, engagé dans la défense de la forteresse de Pampelune, est blessé : un boulet de canon vient lui fracasser la jambe droite et lui endommager sérieusement l'autre. Et voici que notre homme, qui rêvait d'exploits militaires et de vie chevaleresque, se retrouve immobilisé, incapable de se déplacer seul. Un boulet de canon a bouleversé sa vie. Inigo va être opéré une première fois à Pampelune, puis ramené à Loyola. Mais là, on doit se rendre à l'évidence : des os ont été mal repris et forment une protubérance qui rend la jambe difforme. À deux reprises, il accepte de se faire briser la jambe et scier les os qui dépassent. Lors de sa longue convalescence, Inigo va beaucoup souffrir physiquement et moralement. Disposant de beaucoup de temps, il s'ennuie. Pour tuer le temps et se redonner un peu de courage, il aurait voulu lire des romans de chevalerie mais on n'en trouve pas. Il se rabat alors sur les deux seuls livres qu'on lui apporte : une vie du Christ et une vie des saints.

Et dans la solitude de cette mise à l'écart du monde, il passe des heures à rêver tantôt aux exploits chevaleresques qu'il pourrait faire pour conquérir le cœur d'une grande dame, et tantôt à la vie des saints. Si bien qu'il finit par se demander : « Pourquoi ne ferais-je pas ce qu'ont fait saint François, saint Dominique et bien d'autres ? »

Une conversion totale va s'opérer, qui va être confirmée une nuit par une vision de la Vierge Marie et de l'Enfant Jésus. Ignace poursuit ses lectures et transcrit de sa main beaucoup de passages de la vie des saints et des évangiles.

C'est une vie nouvelle qui commence, tout entière orientée vers Dieu.

Comme son inaction lui laisse beaucoup de temps pour réfléchir, Ignace se met à prêter attention aux différents mouvements intérieurs qui l'habitent.

Il va distinguer en lui deux esprits : l'un, qui provient de Dieu, lui apporte joie et dynamisme ; l'autre, qui vient du démon, l'attriste et le rend malheureux. C'est ainsi qu'Ignace va découvrir ce que les maîtres spirituels appellent « le discernement des esprits ».

Tout au long de sa vie et dans toutes ses entreprises, celui qui deviendra le fondateur de la compagnie de Jésus, « les Jésuites », et l'auteur des *Exercices spirituels* recourra sans cesse à ce discernement et tentera de le rendre familier à tous ceux qui se mettront à son école.

***

*Transmettre la Parole de Dieu aux hommes et aux femmes de notre monde est au cœur de la vocation de la communauté du Verbe de Vie dont je suis membre. Toute personne qui se sentirait interpellée et qui désirerait vivre un temps fort chez nous, ou même prendre part à cette belle mission, peut prendre contact avec nous.*

*L'adresse et le programme de nos différentes maisons sont sur* www.leverbedevie.net

# *Table des matières*

Imprimé en France par CLERC S.A.S. - 18200 Saint-Amand-Montrond
N° d'imprimeur : 9643